Creatividad sexual

Carol G. Wells

Creatividad sexual

Traducción de Matilde Taboada

ROBIN BOOK

Título original: *Right Brain Sex*.
© 1989, Carol G. Wells.
© 1990, Ediciones Robinbook, SL.
  Aptdo. 94.085 — 08080 Barcelona.
Diseño cubierta: Estudio LT.
ISBN: 84-7927-001-2.
Depósito legal: B-38.606-1990.
Impreso por Libergraf, Constitució, 19, 08014 Barcelona.

Impreso en España — *Printed in Spain*

Agradecimientos

Quiero dar las gracias a las personas siguientes:

Jon K. Meyer, doctor en medicina, mi profesor y mentor, que me inició en el campo de la sexología y cuya confianza en mí me dio la oportunidad de explorar este campo todavía no jalonado.

Mi madre, Ida Rose Garonzik, de la cual aprendí disciplina, determinación y perseverancia.

Mi agente literario, Aaron Priest, que se arriesgó a aceptar a una autora desconocida y que me guió acertadamente a través de todos los azares que acechan al novato.

Mi asesora editorial, Marilyn Abraham, cuyo delicado equilibrio entre las palabras de aliento y las críticas convirtieron en sustentador un proceso que suele ser muy penoso.

Mi hijo, Greg, por haber sabido seguir siendo él mismo a pesar de tener una sexóloga por madre.

Prefacio

De todas las cosas que me agradan en mi profesión de sexóloga, la que mayor satisfacción me produce es la de crear un ambiente en que la gente pueda sentirse cómoda para hablar de sus preocupaciones sexuales. Cuando una persona penetra en mi despacho, me doy cuenta de que se siente a la vez intimidada y aliviada. No cabe duda de que resulta violento revelarle a alguien los secretos más íntimos, sobre todo cuando se trata de los sexuales. Pero también es muy sano descargarse de ellos, compartir lo que uno ha estado reservándose.

La gente que cruza el umbral de mi puerta pertenece a todos los estamentos sociales: corredores de fincas, presidentes de banco, mecánicos, oficinistas, amas de casa, secretarias, maestras, incluso genios de la informática. Su edad va de los dieciséis a los ochenta años. Los hay casados, solteros, divorciados... Algunos, divorciados más de una vez. Todos son diferentes. Sin embargo, tienen una cosa en común: el deseo de gozar de la felicidad sexual.

Los motivos que les hacen infelices son muchos. Los problemas de algunos provienen de que su cuerpo se niega a cooperar con su mente. Experimentan gran excitación, pero o bien no consiguen llegar al orgasmo, o el orgasmo se produce con excesiva rapidez, o no alcanzan la erección. Otros se enfrentan, por el contrario, al problema de que su mente no quiere cooperar con su cuerpo. Cierto que se excitan sexualmente, pero eso no parece interesarles. Consideran que el sexo exige un esfuerzo excesivo.

Algunos de los pacientes a los que veo han sufrido muchos dolores y traumas en su vida; otros han tenido una vida normal, dichosa. Ahora bien, cualquiera que sea su biografía, todos presentan una característica común: de algún modo, en el sentido que sea, la actividad sexual no constituye para ellos una «segunda naturaleza». No se sienten totalmente a gusto con los pensamientos, los sentimientos, las sensaciones corporales o las emociones que suscita la sexualidad. De hecho, son muy pocas las personas que se sienten verdaderamente a gusto con su sexualidad. Todos tenemos algún punto vulnerable..., cuando no son dos o tres.

Aplaudo el valor que demuestran mis pacientes al buscar un poco más de felicidad. Por muy «modernos» que nos creamos, la cuestión del sexo sigue provocando en nosotros gran malestar y vergüenza. Por lo tanto, admiro la entereza que requiere admitir, aun para sí mismo, que «las cosas no van demasiado bien» y dar luego el paso —que exige una fortaleza extra— de buscar ayuda en el exterior.

Pero por encima de todo, aprecio las lecciones que me han enseñado mis pacientes: que merece la pena esforzarse por mejorar; que hablar es verdaderamente saludable; que hombres y mujeres luchan en la misma medida contra los problemas sexuales; que todos cometemos errores; que cambiar no resulta fácil; que raras veces existen soluciones sencillas para los problemas complejos; que hay incluso problemas para los cuales no conocemos la respuesta... Y por último, aunque no lo menos importante, que nunca es demasiado tarde para buscar la felicidad.

Introducción

En mi trabajo como consejera matrimonial y sexóloga, la pregunta que se me plantea más a menudo es la siguiente: ¿en qué consiste el motivo de queja más frecuente entre las parejas desde el punto de vista sexual? En casi todos los casos, la respuesta suscita en mi interlocutor la misma expresión. Porque dicha respuesta es, tan cierto hoy como hace cien años, el aburrimiento, el tedio.

La mayoría de nosotros pensamos en el aburrimiento como en algo procedente del exterior, como debido al exceso de exposición, una y otra vez, a la misma cosa. Puede tratarse de un trabajo, de una rutina diaria, de una persona... Y dado que casi todos consideramos el aburrimiento de esa forma, es muy natural que tratemos de cambiar las cosas desde el exterior. Cuando el aburrimiento sexual se presenta, pensamos casi siempre que la solución se halla en una nueva pareja. Y muchos intentamos, en efecto, esta solución.

En la actualidad, las posibilidades de combatir el aburrimiento cambiando de pareja se han reducido drásticamente. La enfermedad mortal conocida con el nombre de SIDA (síndrome de inmunodeficiencia adquirida) nos ha impulsado a examinar más a fondo la cuestión de cómo hacer más satisfactorias las relaciones sexuales duraderas. Este libro está escrito para los solteros, los casados, los hombres y las mujeres que desean descubrir esta satisfacción. Los consejos incluidos en él les ayudarán a eliminar el tedio sexual, a establecer con su pareja una intimidad y un ardor renovados y a superar también ciertas disfunciones sexuales específicas.

Lo que sigue le sorprenderá sin duda. Si repasa los títulos de los capítulos de este libro, advertirá que son de una simplicidad básica: el contacto, el placer, la lascivia o el deseo, el aspecto lúdico del amor y el sentimiento de ser amado. ¿Cómo unos conceptos tan «anticuados» pueden suponer la respuesta a la felici-

11

dad sexual a largo plazo? Y si son tan sencillos y básicos, ¿por qué tan pocos de nosotros nos atenemos a ellos?

Se debe a que tendemos a buscar la felicidad fuera de nosotros mismos. Este libro se propone hacernos penetrar en nuestro interior para averiguar las respuestas. Recurriendo a nuestra creatividad, localizada en el hemisferio cerebral derecho, podemos aumentar nuestro goce sexual. La clave de la satisfacción sexual ha estado siempre en «nuestra propia casa». Simplemente, no sabíamos que se encontraba tan cerca y que el acceso a ella era tan fácil.

En los últimos años, se ha escrito mucho sobre las posibilidades de los dos hemisferios cerebrales: el cerebro izquierdo, responsable de nuestro lado más práctico, analítico, y el cerebro derecho, responsable del lado más etéreo, imaginativo. Dado que el cerebro derecho tiene como misión ser el centro de la creación de imágenes, conserva todas las imágenes sexuales que hemos recogido durante nuestra vida. Sin que lo sepamos, esas imágenes rigen nuestro comportamiento sexual y determinan nuestra felicidad en este campo. Prepárese a descubrir en las páginas que siguen algunas nociones ignoradas sobre su sexualidad. El descubrimiento de nuestras imágenes ocultas nos deja libres para explorar nuevas posibilidades de una mayor felicidad sexual.

El camino hacia el descubrimiento se basa en un proceso sencillo, llamado visualización. La visualización es la creación voluntaria de imágenes con vistas a un objetivo determinado. Dirigimos nuestras mentes con un propósito específico. En el pasado, se utilizó sobre todo la visualización para incrementar el rendimiento del individuo en el mundo de los negocios o del deporte. Por ejemplo, un orador o un esquiador visualizan una actuación perfecta antes de pasar a los hechos. Es decir, utilizan la creación voluntaria de imágenes para alcanzar una meta. *Creatividad sexual* muestra cómo utilizar la visualización para lograr el objetivo de aumentar la satisfacción sexual.

La visualización nos permite emprender viajes por tierras inexploradas, a través del Amazonas de nuestra mente, donde se nos ofrecerán aventuras quijotescas hasta ahora nunca experimentadas. Durante este viaje, aprenderemos a emplear la visualización para ampliar nuestras opciones sexuales. *La mente es el más poderoso de los órganos sexuales.* Aprendiendo a aprovechar todo su potencial erótico, nuestra vida sexual cambiará espectacularmente.

El que adoptase el uso de la visualización en mi práctica de la terapia sexual se debió (como tantas cosas en la vida) a la necesidad de resolver un problema. Mis pacientes solteros y divorciados pensaban que nunca serían capaces de superar sus problemas si no disponían de pareja. ¿Cómo iban a mejorar si no podían «practicar» con otra persona? En mi opinión, los compañeros sustitutos son más bien fuente de problemas que de soluciones.

La respuesta que se me ocurrió fue el recurso a compañeros imaginarios. Puesto que la visualización permite el ensayo mental, como anticipación a la experiencia de la vida real, daría ocasión a mis pacientes de practicar antes de que les llegase el momento de participar en la verdadera actividad. Como se enterará al leer este libro, la visualización ha demostrado su eficacia en este aspecto.

Mi empleo de la visualización empezó como un medio auxiliar en una situación específica y terminó modificando todos mis puntos de vista. A medida que aplicaba cada vez más la visualización, tanto con individuos como con parejas, advertía más claramente el potencial que encerraba. Pasé entonces de lo específico a lo general y llegué a la comprensión de que la visualización tiene el poder de hacernos traspasar los bloqueos internos, llevándonos así a terrenos no limitados. La importancia de esta noción cuando se trata de sexualidad me causó un gran impacto.

La visualización nos permite entrar en contacto con nuestro inconsciente. Una vez más allá de los límites fijados, se nos ofrece la oportunidad de explorar todo nuestro potencial. Con la visualización, podemos escribir y dirigir nuestros propios «guiones» sexuales, intervenir como actores en ellos y corregirlos cada vez que lo consideremos necesario.

La gran ventaja de ser capaces de modificar nuestros argumentos sexuales residen en que así evitamos el aburrimiento. Introducimos la novedad mediante la imaginación. Igualmente importante es el hecho de que la visualización nos permite deshacernos tanto de las inhibiciones como de los fracasos sexuales.

Dado que cada uno de nosotros tenemos una historia singular, poseemos nuestra propia serie de imágenes sexuales, implantadas, alimentadas y desarrolladas desde la primera infancia hasta los primeros años de la edad adulta. Las imágenes sexuales están profundamente arraigadas. En su mayor parte, permanecen fuera del campo de la conciencia, pero ejercen una gran influencia sobre nuestro comportamiento. El inconsciente tiene un control tan fuerte sobre nosotros porque no nos damos cuenta de estar efectuando una elección cuando operamos a su nivel. Nuestros actos parecen producirse automáticamente.

Los individuos y las parejas con los que trabajo se quedan unánimemente sorprendidos frente al poder de sus imágenes inconscientes, en particular las sexuales. En la mayoría de los casos, se sienten capaces de modificar las imágenes causantes de sus problemas. La desesperanza se mantiene mientras no toman conciencia de hasta qué punto esas imágenes influyen sobre ellos.

Por ejemplo, recuerdo a una pareja que estaba haciendo progresos muy notorios en su terapia. Decidieron tomarse unas vacaciones románticas, a fin de celebrar su nueva unión con una gran fiesta sexual. Eligieron para ello una isla remota, que ofrecía la posibilidad de alquilar cabañas aisladas. «¡Perfecto!», pensaron. Sin embargo, pronto advirtieron que había una pega. Mientras permanecían fuera de la cabaña, se sentían muy excitados, murmurándose el uno al otro sugerencias eróticas. En cambio, una vez dentro de la cabaña, perdían todo deseo sexual, incluso se volvían irritables. Su frustración fue en aumento, y recibí una llamada angustiosa de su parte.

Les recomendé que procediesen ambos a un ejercicio de visualización. Tenían que cerrar los ojos, concentrarse realmente en el interior de la cabaña y dejar que sus mentes lo asociasen libremente con otra habitación que hubieran conocido en el pasado. Lo que descubrieron fue que la cabaña les recordaba la habitación de la casa de huéspedes que regentaban los padres de ella donde habían hecho el amor por primera vez. El padre había entrado en la habitación, provocando en ellos una gran confusión, sentimientos de culpabilidad y, naturalmente, un fracaso sexual. Hasta ese día, habían creído que el incidente se hallaba relegado muy lejos en el pasado. Tan pronto como se trasladaron de la cabaña al hotel principal, fueron capaces de iniciar su celebración.

Este libro le ayudará a descubrir sus verdaderas imágenes sexuales y a cambiarlas o desarrollarlas en la dirección que desee. Al hacerlo así, verá que su comportamiento se modifica al

14

mismo tiempo. Quizá se trate de un cambio espectacular, o quizá sea un cambio más lento, menos manifiesto, pero igualmente importante. Por muy grande que sea el poder de la visualización, no es un instrumento mágico. Sus imágenes actuales proceden de años y más años de constante impregnación. Los conceptos y ejercicios que presento en este libro han de ser practicados con regularidad, si se quiere obtener de ellos algún beneficio.

Lo verdaderamente apasionante en la visualización está en que permite llegar a lugares aventurados y nuevos. Si se concede la libertad de practicarla, la visualización puede hacer que su sexualidad cobre vida, y se mantenga después viva durante tanto tiempo como siga deseoso de explorar las diversas imágenes creativas de su mente. El viaje merece bien todos sus esfuerzos.

Tengo en mi casa un solárium con una claraboya. He llenado la habitación de plantas y le he añadido un surtidor. Ése es el lugar en que hago mis excursiones. Cierro los ojos, dejo que venga a mi mente la imagen de un bosque o de una corriente de agua, me concentro en mi respiración y dejo que mi mente siga el camino que me he propuesto. Las posibilidades son infinitas.

1. La visualización: qué es y qué puede hacer en favor de su vida sexual

La visualización es en parte imaginación, en parte meditación y en parte analogía. El propósito de la visualización consiste en facilitar el cambio. Se trata de un proceso extraordinariamente simple y al alcance de cualquiera. Compruébelo ahora mismo. Haga un intento después de leer las instrucciones.

1. Repítase las tres palabras siguientes hasta que las haya memorizado: *imaginación, meditación, analogía.*
2. Cierre los ojos.
3. Respire profunda y lentamente cinco veces, dejando que su cuerpo se relaje más a cada respiración.
4. Ahora, con los ojos de la mente, visualice un encerado en cuyo centro hay un gran círculo. Divida ese círculo en tres partes iguales, como si fuera una tarta, exactamente lo mismo que hizo para aprender las fracciones en matemáticas.
5. Escriba en cada una de esas partes una de las palabras anteriores: *imaginación, meditación, analogía.*
6. Conserve la imagen en su mente mientras recorre por tres veces el círculo, visualizando y repitiéndose al mismo tiempo las palabras.
7. Borre el círculo del encerado y abra los ojos.

¡Enhorabuena! Ha conseguido hacer una visualización. Sometió a su mente a tres de los factores que constituyen la visualización: la imaginación, la meditación y la analogía. Combinándolos con la relajación (que logró respirando profundamente) y dirigiéndolos hacia un objetivo específico (obligarse a recordar las tres palabras), obtuvo todos los elementos de la visualización. Recuerde que es muy sencillo y que producirá en usted un cambio, puesto que habrá aprendido algo nuevo.

La imaginación es el elemento clave de la visualización. Y el motivo de su gran importancia está en que actúa como una especie de atajo. En efecto, una imagen vale más que mil palabras. Al experimentar con la creación dirigida de imágenes que propone este libro, su inconsciente «captará el mensaje» mucho más rápidamente que si intentara «hablarle» mediante palabras. Por ejemplo, cuando uno se siente desasosegado, la solución más corriente es recomendarse la relajación. Se ordena entonces a sí mismo: «¡Calma, tranquilo!», lo cual no suele dar el menor resultado. En lugar de eso, imagínese solo, disfrutando del cálido sol de la tarde en la playa, escuchando el rumor del mar a su alrededor. Se relajará automáticamente. Así se usa la visualización para provocar el cambio.

El elemento de la meditación implica que la visualización posee una cualidad que la asemeja al trance, es decir, una dimensión contemplativa. Durante la visualización, permanecerá aislado de toda distracción exterior. Penetrará en su interior y se concentrará exclusivamente en su tarea inmediata, apelando a su imaginación. Todo el mundo es capaz de meditar. Piense en las innumerables veces en que, conduciendo su coche, se concentró hasta tal punto que olvidó girar o salir de la carretera en el momento preciso.

La última parte de la visualización consiste en el recurso a las analogías, o comparación de similitudes. Dado que en ellas se incluyen imágenes, las analogías nos ayudan a comprender con mayor rapidez ciertos pensamientos y sentimientos que no se prestan a una fácil expresión. Sin duda estará familiarizado con la analogía entre la personalidad y la cebolla. Ambas tienen una multitud de capas, que se pueden ir retirando hasta llegar al corazón. Las imágenes proporcionan un cuadro familiar que facilita la comprensión.

Todos somos capaces de representarnos el acto sexual (el coito). Pero intente trazar un cuadro de su sexualidad. La sexualidad es abstracta y vaga, mucho más difícil de comprender. Ahora bien, la felicidad sexual abarca mucho más que el acto sexual. Para disfrutar de una felicidad sexual duradera, el individuo ha de comprender su sexualidad y sentirse satisfecho de ella. Gracias al empleo de la creación dirigida de imágenes, la meditación y la analogía, este libro le ayudará a obtener una visión satisfactoria de su sexualidad.

La visualización y el cerebro derecho

El hemisferio cerebral derecho está considerado como la sede de la pasión, los sueños, la intuición y las imágenes. Siendo como es holístico, ve las cosas como un todo. En cambio, se cree que el hemisferio cerebral izquierdo es más lógico, racional, matemático. En una palabra, se le tiene por el asiento de la razón. Ve las cosas una por una. La visualización y los fenómenos próximos a ella, como los sueños, las fantasías, la hipnosis y otros estados de semivigilia, son todos ellos actividades del cerebro derecho.

El sueño equivale a la visualización en estado inconsciente. Las investigaciones actuales sobre el sueño nos dicen mucho en cuanto al valor de la visualización. En ésta, nuestros sueños se dirigen hacia un fin concreto y, en los momentos de estrés, nos ayudan a encontrar las soluciones. Las investigaciones en curso encaran incluso la posibilidad de que el individuo manipule sus sueños, encaminándolos hacia un objetivo preciso.

Por ejemplo, en un proyecto de investigación se pide al sujeto que idee finales más positivos para las pesadillas que padece, con la esperanza de que algunas de las nuevas soluciones tendrán un impacto sobre su comportamiento en los momentos de vigilia. Los primeros resultados de dicha investigación pusieron de manifiesto que la gente puede despertarse durante un sueño frustrador, cambiar el final y reanudar el mismo sueño añadiendo el nuevo final. Y aunque todo esto se halla aún realmente en las primeras fases de estudio, no cabe duda de que los sueños contribuyen a aliviar el estrés.

La diferencia entre la fantasía y la visualización radica en que la fantasía no se encamina hacia un fin específico. Constituye más bien una divagación libre y no incluye analogías. Las fantasías sexuales encierran imágenes eróticas; las visualizaciones pueden no ser eróticas, pese a estar destinadas a alcanzar un objetivo sexual determinado. Aunque las fantasías sexuales tienen una gran importancia para la sexualidad, advertirá de inmediato que las visualizaciones de este libro no se parecen en nada a ellas. En realidad, en muy pocas se incluyen imágenes sexuales o eróticas.

También la hipnosis tiene mucho en común con la visualización. La hipnosis es un estado alterado de conciencia, en que las ondas cerebrales se hacen más lentas. Durante el sueño, permanecemos inconscientes, y las ondas cerebrales quedan reducidas al mínimo, mientras que, en estado de vigilia, se hallan al máximo. En el estado hipnótico, las ondas cerebrales se sitúan a un nivel intermedio entre ambos. Durante él, tenemos acceso tanto a la mente consciente como al inconsciente.

La visualización se lleva a cabo en un estado de relajación similar a la hipnosis, pero no tan profundo. En esa posición relajada, la mente tiene la oportunidad de vagabundear sin inhibiciones. Un estado de relajación neutraliza momentáneamente el severísimo censor que existe en la mayoría de nosotros. Sin él, nuestra mente se siente libre de explorar regiones a las que nunca nos habíamos aventurado.

Se están investigando también actualmente los denominados «estados alterados de conciencia» o de semivigilia. Los estados de semivigilia se producen cuando la mente se concentra intensamente y bloquea toda distracción. Ignora los estímulos irrelevantes, como el timbre del teléfono o una persona que habla. El tiempo se distorsiona, a veces para estirarse, a veces para comprimirse. El elemento más significativo de los estados de semivigilia es la sensación de un dominio absoluto. En realidad, el sujeto hace retroceder las limitaciones aparentes de su ser. Los atletas, los artistas, los cirujanos y otras personas cuyo trabajo requiere una concentración extrema describen episodios de estados de semivigilia.

Desgraciadamente, no es fácil inducir a voluntad un estado de semivigilia. Sin embargo, el aprendizaje de cómo cerrar el paso a las distracciones permite entrar en ellos. El orgasmo se produce durante un estado de semivigilia. Con la práctica, la visualización puede ayudar a una persona a desconectarse de las distracciones y a cultivar la capacidad de alcanzar el estado necesario para el orgasmo.

Dado lo esencial de una concentración intensa para el dominio del atletismo, la psicología del deporte se ha vuelto hacia ciertas ideas, como los estados de semivigilia, la calma interior, la relajación y la creación dirigida de imágenes... En otras palabras, los componentes de la visualización. Tenemos pruebas recientes de que este método es la estrategia primordial empleada en los deportes para aumentar el rendimiento. Algunos psicólogos deportivos creen que la visualización controlada puede inducir las mismas ondas cerebrales que las producidas durante una actividad dada, tanto si se trata del esquí de competición como de hablar en público. Incluso es posible que la visualización cree una plantilla o «mapa de carreteras» de la actuación, de tal forma que dirige después los procesos físicos y mentales que tienen lugar durante la actuación real.

En este libro, se hablará mucho de la importancia de la concentración intensa precisa para una sexualidad duraderamente placentera. Los grados de concentración existentes en los sueños, la hipnosis, los estados de semivigilia, incluso las actuaciones atléticas, nos enseñan muchas cosas acerca de cómo alcanzar esta concentración durante la actividad sexual.

¿Dos cerebros?

La investigación en el campo de la asimetría cerebral es todavía muy reciente. En consecuencia, la idea de dos cerebros separados, que funcionan independientemente uno del otro, no ha sido demostrada de forma definitiva. No obstante, sí parecen seguras las pruebas que apoyan la existencia de diferencias hemisféricas.

Aunque la naturaleza exacta de esas diferencias se encuentra aún en proceso de determinación, las primeras pruebas han atribuido como sigue los distintos procesos mentales:*

HEMISFERIO IZQUIERDO	HEMISFERIO DERECHO
Intelecto	Intuición
Convergente	Divergente
Deductivo	Imaginativo
Racional	Metafórico
Vertical	Horizontal
Discreto	Continuo

* Springer, Sally, y Deutsch, Georg, *Left Brain, Right Brain.*

HEMISFERIO IZQUIERDO	HEMISFERIO DERECHO
Abstracto	Concreto
Realista	Impulsivo
Dirigido	Libre
Diferencial	Existencial
Secuencial	Múltiple
Histórico	Atemporal
Analítico	Holístico
Explícito	Tácito
Objetivo	Subjetivo
Sucesivo	Simultáneo

No es probable que el cerebro opere de un modo tan simplista, tan separado. Parece mucho más probable que se trate de un proceso de colaboración. Aun así, para facilitar la comprensión de los conceptos descritos en este libro, adoptaremos la convención práctica de considerar el cerebro dividido en dos partes bien delimitadas. Mediante la analogía de los dos cerebros, podremos entender mejor la importancia y la necesidad de una transición desde las partes más analíticas, realistas y objetivas de nosotros mismos a las partes más libres, atemporales e imaginativas. El sexo «a lo grande» se alcanza *sólo* cuando se está en comunicación con estas últimas.

La visualización ayuda a cruzar las barreras sexuales

Pensándolo bien, la visualización supone realmente uno de los métodos más primitivos de aprendizaje. El recién nacido aprende mucho del mundo a través de lo que ve. No aprende las palabras hasta muchos meses más tarde y pasarán años antes de que sepa leer las palabras escritas. Lo malo es que, tan pronto como dominamos el mundo escrito y verbal, solemos abandonar la experiencia visual por el pensamiento o el análisis de la experiencia.

He dicho anteriormente que el inconsciente capta la imagen con mayor velocidad que las palabras. Se debe a que las bases de nuestra comprensión del mundo son visuales. Al llegar a la edad adulta, la vuelta a la visualización para aprender es algo a la vez regresivo y primitivo. En realidad, nos ayuda a aprender, ya que los métodos y las cosas que aprendimos primero están profundamente enraizados en nosotros. Quizá se hallen archivados, pero nunca los olvidamos por completo.

La creación de imágenes durante la visualización penetra muy hondo en nuestra primera estrategia de aprendizaje y nos inclina a captar nuevos pensamientos e ideas sobre nuestra sexualidad. Más que intentar olvidar ideas problemáticas, se trata de aprenderlas por primera vez. Recurrir a las visualizaciones nos ayuda a ignorar el aprendizaje previo, causante tal vez de nuestros problemas sexuales de hoy.

En la visualización, la analogía nos facilita el paso a través de las barreras que nos impiden cambiar. Las analogías proporcionan un medio para «ver» las cosas de otra manera. Por ejemplo, existe un libro destinado a las mujeres en que se incluyen muchos dibujos donde se equiparan visualmente los genitales femeninos con flores. Las imágenes y la analogía inclinan a las mujeres a considerar sus genitales como algo hermoso, delicado y de buen aroma.

La visualización no sólo nos conecta con nuestro primer aprendizaje, sino que nos conecta también con nuestra creatividad. En un mundo que impone el cumplimiento de un gran número de tareas tediosas, no creativas y repetitivas, la visualización supone un cambio refrescante. La práctica de la visualización «ejercita» el cerebro derecho, con tanta frecuencia descuidado en favor del razonamiento, la lógica y el cumplimiento de tareas, correspondientes todos ellos al cerebro izquierdo. Cuando permanecemos demasiado tiempo ocupados con el cerebro izquierdo, terminamos por aburrirnos.

La utilización del cerebro derecho hace al individuo apasionado y le permite superar el aburrimiento

El aburrimiento es el resultado de pasar demasiado tiempo ocupado en actividades que dependen del cerebro izquierdo. Sin la pasión que procede de nuestro ser intuitivo, explorador, es inevitable. Pocos de nosotros escapamos a esta experiencia en una u otra ocasión. Y algunos vivimos en un aburrimiento crónico.

El tedio es una sensación de desinterés, falta de alegría, pérdida del entusiasmo, carencia de motivación, sensación de vacío... En otras palabras, se trata de un compañero muy poco agradable. Cuando una persona se aburre, se debe siempre, al parecer, a una falta de objetivo, de dirección. Nada nos atrae y lo que sucede no nos causa la menor excitación. Esta falta de interés es consustancial al aburrimiento, ya que, cuando el sujeto opera con el cerebro derecho, el interés se hace tan intenso que resulta imposible aburrirse. ¿Recuerda el estado de semivigilia que describimos? Hallarse en un estado de semivigilia es exactamente lo opuesto a aburrirse.

Los chamanes y la ciencia

La visualización no es un concepto nuevo. Se ha seguido su rastro hasta el antiguo Egipto, donde los sacerdotes utilizaban en muchos rituales culturales la evocación y la persistencia de ciertas imágenes. En las últimas décadas, se ha enfocado la cuestión desde un punto de vista más científico. Se emplea cada vez con mayor frecuencia la visualización sistemática para incrementar las facultades, especialmente en aquellas actividades que exigen superarse, como el atletismo y la oratoria, e incluso para aumentar la productividad en el mundo de los negocios.

De hecho, un estudio efectuado por el National Research Council (NRC) reveló que la creación dirigida de imágenes aumenta una amplia serie de facultades. La conclusión del NRC se basó en el examen de cientos de estudios y en dos años de experimentación en seminarios, visitas de laboratorio y programas de autodesarrollo disponibles comercialmente. El estudio demostró que la práctica tiene más probabilidades de ser perfecta si se combina con la representación imaginaria de las tareas que van a cumplirse. Las imágenes mentales son especialmente provechosas cuando dichas tareas exigen un enfoque meditado, sistemático.

Importa distinguir el aburrimiento de su sinónimo en apariencia, la depresión. Una persona deprimida experimenta muchos de los sentimientos que acabamos de enumerar. La diferencia esencial reside en que, en la depresión, se encuentran también presentes sentimientos de culpabilidad, indignidad, pecado, desesperanza, fracaso y autocensura.

El aburrimiento tiene diversos grados, pero incluso un caso leve causa desazón. Desgraciadamente, el aburrimiento puede ser también difícil de reconocer. Se debe a que lo padecemos durante casi todo el tiempo. Nuestro mundo nos obliga a permanecer conectados casi siempre con el cerebro izquierdo. Oponerse a esta exigencia requiere cantidades considerables de energía y esfuerzo.

Puesto que no reconocemos fácilmente el aburrimiento, buscamos otros motivos para nuestras sensaciones desagradables. Nos volvemos coléricos e irritables. Al no darnos cuenta de que es el aburrimiento el causante de nuestras emociones, miramos a nuestro alrededor en busca de un chivo expiatorio apropiado. Las personas con las que nos relacionamos se convierten en el blanco más conveniente. Nos enfadamos con las personas queridas, con los compañeros de trabajo, con los amigos y los vecinos. Cuando nos aburrimos en el trabajo, volvemos a casa de mal humor y lo pagamos con los niños. Cuando una relación nos aburre, suscitamos disputas o nos centramos en las pequeñas imperfecciones de nuestra pareja.

Cierto también que a la gente que se aburre fácilmente le asusta aprovechar las oportunidades. Tiende a caer en una vida cotidiana extraordinariamente rutinaria. Piensa que la rutina equivale a seguridad, sin darse cuenta casi nunca del precio que paga por ella: el aburrimiento y su anexo, la cólera.

Los perfiles psicológicos de las personas que padecen con frecuencia de aburrimiento han puesto de relieve que, además del exceso de rutina en su vida, quienes suelen aburrirse se preocupan también demasiado de gustar a los demás y son propensos a la preocupación, a carecer de confianza en sí mismos, a depender excesivamente de los demás, a centrarse en las cosas materiales, a ser demasiado conformistas y demasiado sensibles a las críticas, tanto propias como ajenas.

Tienden a buscar motivos de censura en el exterior y se embarcan en fantasías que comienzan con la palabra «si»: si tuviera dinero..., si fuera famoso..., si me hubiera casado con Carmen en lugar de hacerlo con María..., si me hubiese limitado a dos hijos en vez de tener tres... Al tratar de encontrar las soluciones en el exterior, permanecen paralizados en su propia incapacidad de aceptar el riesgo y en su miedo a lo que trae consigo la incertidumbre.

La visualización puede ayudar porque se apoya en el interior de la persona. El sujeto utiliza su propia creatividad para encontrar una solución, en lugar de echar la culpa al mundo exterior. Y aunque este libro se refiere exclusivamente al uso de la visualización para eliminar los azares sexuales, la solución de la visualización no se limita, claro está, al sexo. Una vez dominada la técnica, cabe aplicarla a otras áreas de la vida, por ejemplo a buscar una nueva distracción, dar un sesgo nuevo a su carrera o pensar en otra manera de comunicar con sus hijos.

¿Hasta qué punto le aburre su vida sexual?

El aburrimiento en nuestras relaciones es probablemente el problema más común y más grave con el que nos enfrentamos. Nuestra cultura y nuestra vida familiar están estructuradas en torno a la monogamia. Ahora bien, la monogamia desemboca excesivamente a menudo en la monotonía. El factor novedad dentro de toda relación tiende a declinar cada vez más a medida que esa relación se prolonga.

En las relaciones nuevas, hacemos intervenir casi siempre el cerebro derecho. Nos sentimos desafiados, y el desafío nos induce a una gran actividad del cerebro derecho, como la pasión arrolladora y la excitación. Salimos mucho más que de ordinario, nos acostamos tarde y todavía nos resta una gran energía. En la cumbre de la curva del romance, nuestro deseo sexual es difícilmente contenible. Parecemos absorbidos por la otra persona y no podemos esperar para verla de nuevo, aunque acabemos de dejarla. A medida que el estímulo se desvanece y aumenta la predictibilidad, tendemos a utilizar cada vez más el cerebro izquierdo. Y el aburrimiento comienza a hacer su aparición. Empezamos a analizar la situación, a preocuparnos por nuestra seguridad financiera, a descubrir defectos. La pasión muere. El deseo sexual disminuye o desaparece.

A un nivel que, cuando lo identificamos, es ya demasiado peligroso para la mayoría, nos sentimos atrapados. La sensación de haber caído en una trampa proviene de la creencia en que no se nos ofrecen alternativas dentro del marco de esa relación. La incapacidad de aceptar los riesgos y el hecho de habituarse a la rutina matan la creatividad. No queremos reconocer la responsabilidad que nos incumbe por nuestro comportamiento y, por lo tanto, censuramos a las personas de las que dependemos. Surge entonces la cólera y, consiguientemente, los problemas sobre quién tiene o no razón. Se empiezan a exagerar las diferencias. Tales diferencias proporcionan un motivo para la cólera y nos hacen sentirnos justificados. Todo ello sirve para enmascarar el rechazo de la responsabilidad por nuestro aburrimiento.

Como terapeuta que se ocupa de parejas enfrentadas a las angustias de las horas malas, tropiezo continuamente con la resistencia a la innovación y al cambio. Por ejemplo, una pareja se queja de su falta de contacto sexual y expone con todo detalle los trabajos cotidianos que les impiden reunirse. Con frecuencia, las sugerencias románticas, creativas, que les hago quedan contrarrestadas por la larga lista de tareas «prioritarias» que no admiten demora. Lavar la ropa el sábado por la mañana se considera más urgente que desayunar juntos en la cama. Ver la televisión por la noche tiene mayor importancia que dar un paseo a la luz de la luna. Da la impresión de que, cuando la rutina se apodera de nosotros, echa raíces y se niega a abandonarnos.

En realidad, la necesidad de la rutina esconde la necesidad de una coartada, sobre todo en aquellas personas que se encolerizan contra su pareja. Lavar la ropa o ver la televisión supone un medio de evitar el contacto, actitud que es un comportamiento natural en el ser humano frente a aquellos que son objeto de su ira.

Recuerde que el proceso completo se desarrolla así: aburrimiento, sensación de verse pillado en una trampa, tendencia luego a criticar al otro, más tarde ira y, por último, alejamiento.

Dado que la sexualidad apasionada es una actividad regida por el cerebro derecho y puesto que la mayoría de nosotros tendemos a trabajar mucho más a menudo con el cerebro izquierdo, no tiene nada de extraño que la sexualidad nos cree problemas. Cuando permitimos que nuestra actividad sexual se vuelva demasiado rutinaria, pasamos del cerebro derecho al izquierdo. E inevitablemente, acabamos por aburrirnos. En ese momento, nos damos cuenta de que estamos perdiendo el interés por nuestra pareja o por el sexo y quizá advirtamos que empezamos a padecer problemas sexuales, como impotencia, eyaculación precoz, dificultad de orgasmo o sentimientos de aversión sexual.

Para contrarrestar el tedio sexual, la gente acude a veces a procedimientos extremos. Perdemos el interés por nuestra pareja, nos indignamos contra ella, nos «conformamos» con una vida sexual nada exaltante en casa y buscamos la «emoción» en otra parte. Y como una relación nueva pone automáticamente en marcha el cerebro derecho, encontramos esto más fácil que buscar los medios de estimular la actividad con nuestra pareja normal.

La visualización ofrece una alternativa menos drástica y más creativa. Nos permite permanecer «sintonizados» con el cerebro derecho, con nosotros mismos y con nuestra pareja. Cuando más nos entreguemos a ella, en mayor grado la pasión retornará a nuestra vida. En vez de dejar que la pasión se extinga, podemos mantenerla viva gracias a la visualización.

Estudie los detalles siguientes y califíquese de acuerdo con la predictibilidad de su vida sexual. Anótese cinco puntos si el detalle es muy predecible, y un punto cuando siempre es impredecible. De lo contrario, adjudíquese la puntuación apropiada entre ambos extremos. Cuando haya terminado, sume todos los puntos para determinar su «cociente de aburrimiento».

1. El momento del día en que hacemos el amor 1 2 3 4 ⑤
2. El día de la semana en que hacemos el amor 1 2 3 4 ⑤
3. El lugar en que hacemos el amor 1 2 ③ 4 5
4. Quién es el que lo inicia 1 2 3 4 ⑤
5. Cómo lo iniciamos 1 2 3 ④ 5
6. La ropa que llevamos 1 2 ③ 4 5
7. Lo que hacemos para excitarnos mutuamente 1 2 ③ 4 5
8. El orden de los gestos 1 2 3 4 5
9. Lo que decimos o lo que silenciamos durante el amor 1 2 ③ 4 5
10. Lo que hacemos al terminar 1 2 3 4 ⑤

Este panorama le dará una idea del grado en que ha permitido que su vida sexual se convierta en rutinaria y predecible. Si su puntuación es igual a 30 o superior, probablemente se sentirá invadido por el tedio la mayor parte del tiempo. Lo más probable es que ni siquiera haya necesitado el test para saberlo. La cuestión está en si desea o no hacer algo por remediarlo.

¿Está usted dispuesto a cambiar?

Enfrentarse al aburrimiento en las relaciones no es cosa simple. Y no lo es porque los seres humanos nunca son simples. Estamos compuestos por distintas partes y cada una de esas partes puede querer algo diferente. Por ejemplo, todos tenemos una cierta necesidad de dependencia, en proporciones diversas. Pero al mismo tiempo, tenemos necesidad de autonomía y queremos bastarnos a nosotros mismos. Esto convierte el cambio en un proceso muy complejo. La parte de nosotros que desea ser independiente puede querer hacer algo para remediar el tedio, mientras que la parte dependiente desea contar con alguien que se ocupe de ella. Con este tira y afloja, lo más probable es no llegar a ninguna parte.

29

Antes de intentar ningún cambio, hemos de saber que nuestra naturaleza infantil dependiente se resistirá a aceptar este tipo de responsabilidad. A continuación, tenemos que fortalecer la parte que desea cambiar, es decir, la parte adulta, autónoma. No siempre resulta fácil crecer y asumir tales responsabilidades. ¿Recuerda cuando era pequeño y, jugando con sus amigos, rompían cualquier cosa? Instintiva e inmediatamente, rechazaba usted la responsabilidad. Ese instinto parece mantenerse aun después de llegar a la edad madura.

Si las sugerencias contenidas en este libro le dejan muy escéptico, examínese a fondo. Pregúntese: ¿qué beneficios encuentro en el hecho de soportar el aburrimiento? ¿Tener a alguien a quien echar la culpa? ¿No arriesgarme a la incertidumbre del cambio? Quizá le impulse a ella el miedo.

Por ejemplo, uno de mis pacientes, que había consultado ya a varios sexólogos sobre su problema de eyaculación precoz, descubrió, gracias a la visualización, que albergaba en su interior una resistencia al cambio. Veamos cómo sucedió. Le pedí que visualizase un camino. En ese camino, un gigantesco canto rodado le cerraba el paso, impidiéndole llegar al otro lado, donde le esperaban muchas riquezas.

Le pregunté luego lo que veía. Respondió que se veía a sí mismo escalando una montaña que se alzaba a un lado del camino. En la montaña, crecían muchos árboles, y él los aprovechaba para apoyarse y tomar impulso hacia arriba. Los árboles, en su opinión, representaban recuerdos agradables. Afirmó después que tenía la impresión de que algo tiraba de él hacia abajo. Cuando le pregunté qué era lo que le frenaba, contestó que se trataba de una mujer que le retenía. Él intentaba hacerla subir también a la montaña, pero ella le sujetaba y le atraía hacia atrás. Le dije entonces que se librase de la mujer. Me respondió que no podía hacerlo porque ella era incapaz de cuidarse de sí misma y se caería.

Más tarde, comentamos esa experiencia de visualización. ¿Se sentía obligado a cuidarse de las mujeres? Sí, su madre era una mujer muy dependiente. Se había divorciado cuando él tenía nueve años y, a partir de ese momento, pareció derrumbarse. Aún ahora continuaba en las mismas condiciones y necesitaba de su hijo para seguir adelante. Así se creó en él la imagen de que todas las mujeres son dependientes. El miedo a que una mujer dependiente le absorbiese perpetuaba su disfunción sexual. Aunque pareciese una paradoja, mi paciente se sentía más seguro siendo un tullido sexual. De este modo, tenía una excusa «legítima» para no comprometerse con ninguna mujer.

Los árboles proporcionaron a mi paciente la solución para su dilema. Necesitaba recurrir a los buenos recuerdos de su vida para ayudarle a avanzar, en lugar de polarizarse en lo negativo, en la dependencia que su madre sentía a su respecto. Los ejercicios de visualización que le prescribí se centraron en acontecimientos positivos con mujeres no dependientes, con lo cual aprendió a ver a la mujer en general como más multidimensional. A medida que sus imágenes femeninas se volvieron más positivas, empezó a hacer progresos en cuanto a su problema sexual.

Así se pone de manifiesto la facilidad con que la visualización puede ayudarle a desbloquear su mente y abrirle paso hacia una vida sexual más feliz, más saludable. ¿Está dispuesto a iniciar la aventura?

Instrucciones para la visualización

Las visualizaciones incluidas en este libro están destinadas a un fin específico. Cada una de ellas va precedida por una exposición de su propósito. Encontrará también al final del volumen un apéndice donde, al lado del título de la visualización, figura la situación para la cual es apropiada. Si advierte que su situación en particular no ha sido tomada en cuenta, no se desanime. Cuando haya leído este libro, estará muy familiarizado con la forma en que actúa la visualización y sabrá «fabricarse» la suya a la medida. Confíe en su imaginación y deje que su mente le conduzca al punto al que su inconsciente desea ir.

He aquí algunas instrucciones generales para el momento de la visualización:

Póngase en disposición. La disposición es importante. En cambio, no le hace falta ni un entrenamiento o unas facultades especiales. No importa tampoco su personalidad, ni el equipo de que disponga, ni el momento del día que elija. Todo lo que precisa es un ambiente tranquilo y de cinco a diez minutos de tiempo libre, sin apresuramiento ni interrupciones. Necesita también una mente abierta, deseosa de experimentar. Y sobre todo, necesita estar relajado.

La relajación permite que las ondas cerebrales se aquieten, con lo cual le será más fácil ponerse en contacto con su inconsciente. A partir de ahí, las imágenes fluirán libremente, sin la censura de los procesos altamente analíticos y conscientes del cerebro izquierdo.

Concéntrese. La concentración es también importante. Consiste en permanecer enfocado en la tarea que uno tiene entre manos, ignorando toda distracción. Si sabe que le cuesta trabajo concentrarse, no deje en modo alguno de leer el capítulo 2. Ese capítulo le enseñará a hacerlo. La mayoría de las personas que no han practicado nunca la visualización descubren que al principio su mente tiende a vagabundear. Si a usted le sucede lo mismo, sepa que puede aprender a obligarla a enfocarse. Y si se siente frustrado por ser incapaz de concentrarse, refrésquese la memoria releyendo el capítulo 2 y practicando los ejercicios de concentración.

Relájese. Elija un asiento, un sofá o una cama donde su cuerpo repose cómodamente. Si está más cansado de lo normal, no intente la visualización. Probablemente se dormiría. Y aunque los sueños son importantes para la psiquis, no cumplen la misma función. Veamos cómo hay que relajarse:

● Cierre los ojos e inicie la relajación centrando la atención en su respiración. Respire lenta y profundamente diez veces, aspirando el aire por la nariz y espirándolo por la boca.

● Cuente las respiraciones. Si su mente divaga, limítese a enfocarla de nuevo. Siga contando o empiece otra vez desde el principio. Es indiferente.

● Una vez que haya efectuado diez respiraciones profundas, empiece a concentrarse en su cuerpo. Visualice toda tensión que descubra en él como un color. A continuación, visualice la tensión evaporándose de su cuerpo en el aire que le rodea.

«Vea» la tensión evaporarse y cómo su cuerpo queda fláccido y relajado.

● Cuando esté relajado, puede empezar ya la visualización. Si emplea una de las incluidas en este libro, espere simplemente a que se le venga a la cabeza. Si está creando la suya propia, deje que su mente vagabundee libremente. Ella misma determinará lo que es importante.

Practique. No hay ningún sustituto para la práctica, lo único capaz de hacer las cosas perfectas. La visualización intermitente presenta los fallos de todo aprendizaje intermitente. No parece producir ningún cambio. Por otra parte, cuanto más practique la visualización, más fácil se le hará. Los cambios que desea sobrevendrán más rápidamente.

2. El dominio del más potente de los órganos sexuales: la mente

Los tres procesos del cerebro derecho necesarios para una actividad sexual dichosa

Hemos dicho ya que las imágenes sexuales ejercen una gran influencia sobre la felicidad del individuo en este aspecto. Y hemos dicho también que la visualización es un medio eficaz para modificar esas imágenes. En este capítulo, aprenderá usted a dominar los tres procesos del cerebro derecho necesarios para una actividad sexual verdaderamente dichosa: el cambio, las transiciones y la concentración.

Aunque estas tres palabras no parecen tener demasiadas resonancias sexuales, le será imposible mejorar su vida sexual si no consigue dominar los procesos que designan. Éste no es un libro teórico, sino práctico, y yo estafaría a mis lectores si no les dijese bien claro que, para obtener lo que desean en el aspecto sexual, están obligados a realizar algunos reajustes mentales. Por lo tanto, si siente la tentación de saltarse esta parte, ya está advertido. No introducirá ningún cambio en su vida sin conquistar primero las técnicas expuestas en este capítulo. Sin dominarlas, las visualizaciones no le darán resultado.

Estrategias para modificar la vida sexual

¿Por qué pierdo, al parecer, el tiempo escribiendo sobre el cambio en un libro dedicado a la sexualidad? Porque no quiero frustrarle. Quiero que este libro introduzca una diferencia en su vida. Y no lo hará si no comprende usted cómo se produce el cambio. Léalo, intente algunas visualizaciones y, si no sucede nada espectacular, déjelo de lado y siga soportando lo que le gustaría cambiar hasta que encuentre otro libro con el mismo carácter práctico. Sé muy bien lo que ocurre porque yo también lo he hecho muchas veces con libros de este tipo.

No hay nadie en cuya vida no existan muchas cosas que desearía cambiar. Nos gustaría ser unos padres más pacientes, menos obsesionados por el trabajo y más cariñosos con nuestra pareja. Pero a pesar de nuestras buenas intenciones, encontramos difícil cambiar. La causa de esa dificultad reside en que es más fácil aprender una cosa que olvidarla. Si queremos cambiar, tenemos que deshacernos del aprendizaje «erróneo» inicial antes de introducir el nuevo material. Si fuera posible aprenderlo bien la primera vez, la vida sería mucho más sencilla.

Por ejemplo, en cierta ocasión vi a una niña de tres años que pasó a mi lado como si volase por la pista sobre sus esquíes, mientras que yo me esforzaba por mantenerme en pie. Ella no tenía que olvidar todos los malos hábitos contra los que yo luchaba ahora. A propósito, mi profesora de esquí me dijo que se necesitan veintiún días seguidos esquiando para corregir un mal hábito. Ignoro hasta qué punto su información es científica, pero, teniendo en cuenta que continúo haciéndolo todo mal, me inclino a creerla.

En lo que se refiere al sexo, aprendemos un montón de cosas «erróneas». Todavía en nuestros tiempos nos sentimos muy incómodos cuando tenemos que hablarle abierta y francamente a nuestros hijos del placer sexual. Y dado que decimos muy poco, el sexo se mantiene como algo secreto, sentando así las bases para emociones e imágenes negativas. Al fin y al cabo, en la mentalidad infantil, sólo se guarda secreto aquello que se considera malo. Y al llegar a la edad adulta, lo «malo» aprendido tiene que convertirse en «bueno» si se quiere gozar de la felicidad sexual.

La visualización facilita en gran medida este proceso de reaprendizaje. Sin embargo, lograr cambios duraderos requiere tiempo, energía y muchísima práctica. Hay algunas estrategias importantes que debe recordar cuando proceda a las visualizaciones incluidas en este libro.

El cambio le exigirá hacer equilibrios con el tiempo. Por sencillo que parezca, hemos de sacrificar parte de nuestro tiempo para aprender algo nuevo. Si se necesitan cinco minutos para una visualización, eso significa que no se puede hacer otra cosa durante esos cinco minutos. La mayoría de nosotros estamos siempre escasos de tiempo, de manera que disponer de cinco minutos no es tan fácil como suena. Empiece por decidir lo que está dispuesto a sacrificar, cinco minutos de televisión o de sueño, por ejemplo. Luego, comprométase a hacer ese sacrificio.

Divida el cambio deseado en comportamientos de detalle. La mayoría de la gente se abruma a sí misma con objetivos excesivamente vagos. Se dice, por ejemplo: «Me gustaría mejorar mi vida sexual». Eso no fija una meta lo bastante clara. ¿Qué es exactamente lo que quiere mejorar? ¿Desea más caricias? ¿Un enfoque distinto por parte de su pareja? ¿Mayor variedad? Quizá se trate de todas esas cosas a la vez. No hay nada de malo en ello, con tal de que identifique los *comportamientos* específicos a los que puede llegar.

Ocúpese de un solo comportamiento a la vez. Después de hacer una lista de sus objetivos específicos, asígneles un orden de prioridad, a fin de saber por dónde empezar. De no hacerlo así, terminará por sentirse abrumado y frustrado e incapaz de controlar sus progresos.

Prepárese a practicar. Aquí es donde falla la mayoría de la gente. Nada más natural que el hecho de que la motivación se desvanezca cuando no se obtiene un éxito inmediato. Estamos acostumbrados a recibir en seguida nuestra recompensa. Nos resulta arduo persistir cuando no conseguimos un resultado rápido. Pero no hay duda de que el cambio no se produce al primer intento, de modo que debe prepararse para insistir en la práctica.

Utilice mensajes positivos para motivarse. No se desanime nunca si no logra el cambio deseado. Tratarse a sí mismo de lento, estúpido, ridículo o algo peor sólo sirve para alimentar la «contracorriente» de los fallos. Su propia energía negativa le hundiría. Prefiera las afirmaciones positivas. «Sé que puedo hacerlo», o bien: «Merezco conseguirlo» son ejemplos de frases positivas y motivadoras.

No subestime nunca la complejidad del cambio. Es importante mantener una actitud positiva con respecto a éste, pero, al mismo tiempo, hemos de ser pacientes y realistas en nuestras esperanzas. Esta combinación le dará los mejores resultados.

El modo en que la práctica nos ayuda a cambiar

Nuestros sentidos están siendo bombardeados continuamente por diversos estímulos, que se convierten en candidatos para su almacenamiento en nuestros bancos de memoria: el de la perdurable o a largo plazo y el de la efímera o a corto plazo. Antes de su almacenamiento, la información sensorial, en forma de impulsos eléctricos, entra en la memoria a corto plazo para su uso inmediato. Allí permanece por breve tiempo y luego es descartada, a no ser que se repita.

El ejemplo más corriente es el aprendizaje de un número de teléfono sólo durante el tiempo suficiente para marcarlo. En cambio, si se marca con frecuencia o se hace un esfuerzo para grabarlo en la memoria mediante la repetición, pasará al banco de la memoria a largo plazo, hasta el momento en que se necesite recordarlo.

Cuando practique los ejercicios de este libro, se estará repitiendo la información para que pase a su banco de memoria a largo plazo. Los ejercicios de visualización facilitan las asociaciones, las cuales hacen mucho más sencillo recuperar la información que se tiene almacenada. Las imágenes mentales son muy importantes para el acto de recordar.

Por ejemplo, si practica visualizándose como una persona muy sensual, lasciva, esa imagen se introducirá en su banco de memoria a largo plazo y allí permanecerá esperando a que la evoque. Todo lo que tiene que hacer es «tocar la campanilla», y se presentará para ponerse a su servicio. Tal es el motivo de que cuanto más se activa el instinto sexual, más parece reforzarse. Si deja que las imágenes y las experiencias sexuales desaparezcan de su vida, su memoria a largo plazo terminará por descartarlas, del mismo modo que un ama de casa se deshace de los objetos en desuso. Para reactivar las imágenes tendrá que repetirlas, a fin de que entren de nuevo en su memoria a largo plazo.

El uso de puentes eróticos para llegar al placer sexual

Lo que yo denomino tiempo de transición es el tiempo que tarda la mente en pasar de un estado no erótico a un estado erótico. Acostumbro a compararlo con un puente que hay que cruzar desde el «mundo» del cerebro izquierdo al «mundo» del cerebro derecho. Se trata de un proceso mental y de un requisito para la buena actividad sexual. A pocas personas se les ocurre pensar siquiera en él, pero no pensar en él puede causar problemas, ya que, sin ese tiempo de transición, resulta más difícil concentrarse en las imágenes y los pensamientos eróticos.

La actividad sexual placentera está regida por el cerebro derecho. Es un acto de los sentidos. Ahora bien, la mayor parte de nuestras actividades diarias corresponden al cerebro izquierdo, son actos de nuestra mente lógica. Las faenas caseras, el papeleo, las decisiones de negocios y el cuidado de los niños requieren en su mayoría operaciones del cerebro izquierdo. Es raro que esas actividades estimulen nuestros sentidos desde el punto de vista sensual.

Si comparamos los compartimentos del cerebro con las habitaciones de una casa, podemos imaginar que tenemos que pasar de una habitación a la siguiente. Para mayor comodidad, nos referiremos a la habitación del cerebro derecho con las siglas HCD y a la del cerebro izquierdo con las siglas HCI. Pasar de una habitación a otra requiere su tiempo. Y sin embargo, muchas veces nos obstinamos, o lo exigimos de nuestra pareja, en dejar rápidamente las actividades del cerebro izquierdo para entrar en una situación sexual, amorosa. El caso de Alan nos da un ejemplo de las personas que ignoran la necesidad de un tiempo de transición.

Alan, informático analista, llegaba a su casa por las tardes alrededor de las seis y media, después de hora y media de conducir por la autopista. Cosa nada sorprendente, se sentía agotado y deseoso de sentarse a leer el periódico antes de cenar. Después de la cena, le gustaba ver un rato la televisión, lo que contribuía a relajarle todavía más. Hacia las nueve de la noche, cuando ya los niños se habían ido a la cama, le entraba el sueño y, por regla general, se quedaba dormido en el sofá. En consecuencia, tampoco tiene nada de extraño que Alan y su mujer tuviesen una vida sexual muy limitada.

Ante la insistencia de su mujer, Alan acabó por aceptar unirse a ella para una terapia sexual. La primera vez que hablé con él, expresó su hostilidad por verse allí. Sí, cierto que a él también le gustaría ampliar el lugar que el sexo ocupaba en sus vidas, pero sufría presiones enormes en su trabajo y no necesitaba añadirles otras presiones en forma de expectativas sexuales. ¿No le exigía demasiado su mujer al pretender que se mostrase amoroso al final de una larga jornada? A las nueve de la noche, se caía de sueño, y el sexo no le interesaba en absoluto.

Les pregunté qué hacían para facilitar la transición entre su vida de trabajo y cuidado de los niños, orientada hacia las tareas que debían cumplir, y su vida afectiva y sexual, orientada hacia la sensualidad. La pregunta les dejó estupefactos. ¿Qué entendía yo por transición? Al principio de sus relaciones, nunca habían tenido que «forzar» una transición. Siempre se excitaban mutuamente. Alan estaba convencido de que el problema se debía a la falta de comprensión de su mujer en cuanto a lo duro de su trabajo. No creía que las «transiciones» tuviesen nada que ver en la cuestión.

Alan se aferraba hasta tal punto a su explicación que olvidaba un elemento crucial del problema. Dado lo reducido de su enfoque, yo sabía que le sería difícil encontrar la motivación suficiente para intentar un experimento a las nueve de la noche. Su nivel de energía sería entonces reducido, y esto tendería a demostrar su teoría. Sabía también que las cosas cambiarían si se concediese un intervalo apropiado de transición. Cualquier cosa que modificase su nivel de energía permitiría a Alan cambiar de opinión. Algo de tipo físico, como un paseo, podría hacer que sucediese. Pero era preciso que Alan confiase en la idea.

En este punto, le pedí que me acompañase en una breve excursión visual. Le hice cerrar los ojos y respirar profundamente hasta que estuvo relajado y cómodo. A continuación, le dije que se viera levantándose del sofá a las nueve de la noche y yendo a dar un paseo con su mujer, que se concentrase sólo en el aire, el cielo, la brisa, las estrellas o cualquier otra imagen que despertase sus sentidos. Le dije después que imaginase que él y su mujer caminaban de la mano, hablando únicamente de la forma en que todo aquello estimulaba sus sentidos. Su conversación no se refería en absoluto a los niños, el trabajo, la familia política o cualquier otro tema causante de ansiedad.

Le pedí luego que volviese a la habitación y le pregunté cómo se sentía. «Muy descansado», me contestó. Le recomendé que intentase el experimento aunque sólo fuese una vez a la semana. Si le faltaba motivación, no tenía más que repetir la experiencia de visualización sin levantarse del sofá.

Cuando volvieron a verme a la semana siguiente, admitió que estaba agradablemente sorprendido. Le había sido muy difícil cambiar de idea y obligarse a actuar en unos momentos en que estaba acostumbrado a sentirse en baja forma. Pero la visualización le ayudaba y, una vez en el exterior, respirando el aire nocturno, se sentía revivificado y con mayor energía de lo que antes imaginaba. Confesó incluso que se sentía un poquito atraído por el sexo.

Es lógico que el hecho de permitirse una transición suponga un requisito para ser capaz de concentrarse, en cualquier situación de que se trate. Si su jefe o sus hijos le arman un escándalo y tiene usted que concentrarse para tomar una decisión importante, su capacidad para hacerlo se verá muy comprometida. Si está usted en mitad del fregado de los platos o leyendo un libro, y su compañero inicia una aproximación sexual, su primera reacción instintiva será responder. «Verdaderamente, no estoy de humor para eso.»

Y pensándolo bien, ¿por qué habría de estar de humor? Su mente se encontraba en la HCI. Hay personas que intentan seguir adelante, sin permitirse una transición. En el 90 % de los casos, les cuesta trabajo pensar en el placer, puesto que no han salido de la HCI. Si en lugar de obedecer a su primer instinto, se preguntase qué puede hacer para lograr una transición, encontraría mucho más fácil concentrarse.

Las mujeres son particularmente vulnerables al problema del tiempo de transición. Se debe a que, para una mayoría de ellas, el hogar es a la vez su lugar de trabajo. Aunque trabajen también en el exterior, no olvidan nunca todo lo que queda por hacer en casa. El hogar es también el espacio donde se supone que va a desarrollarse la mayor parte de la actividad sexual, de modo que se exige de las mujeres que se muestren sensuales en su ambiente de «trabajo». Me pregunto cuántos hombres tenderán a preocuparse del sexo en el ambiente de su profesión, asaltados por el recuerdo constante de todo el trabajo dejado sin hacer.

Y puesto que la mayoría de la actividad sexual tiene lugar en el hogar, resulta más difícil y, sin embargo, más importante, que las mujeres aprendan a hacer la transición entre un estado no erótico y un estado erótico. Tanto ellas como sus compañeros necesitan el factor tiempo de transición y un cambio de actividades para olvidar su muy atareada vida, dominada por el cerebro izquierdo.

Ejercicio: Descubra los puentes eróticos capaces de conducirle al placer

Cada individuo tiene unas actividades de transición particulares que le dan mejor resultado. No obstante, cualquier cosa que le centre sobre los sentidos tiende a ser eficaz. Puede ser un baño templado, un paseo al aire libre, un masaje, una experiencia visual, como un video o una revista, o una conversación erótica. Antes de nada, tómese el tiempo preciso para hacer una lista de las actividades de transición que, a su entender, le convienen mejor. Quizá al principio se sienta confuso, ya que nunca se había planteado la cuestión. Pero tómese la molestia de pensarlo y se quedará sorprendido. Por ejemplo, una de mis pacientes descubrió que una lucha en broma con su marido le hacía cambiar de humor. Enséñele la lista a su pareja y pídale que redacte la suya para enseñársela a su vez. También pueden hacer el ejercicio juntos.

Técnicas para concentrarse durante la actividad sexual

La mente es el más poderoso de nuestros órganos sexuales, lo que significa que, en contra de la creencia popular, la sexualidad humana está localizada entre las orejas y no entre las piernas. Y al ser esto cierto, es extremadamente vulnerable a los valores, las creencias, las experiencias y la imaginación, cosa que puede tener consecuencias buenas o malas. Las consecuencias pueden ser buenas porque los valores, las creencias, las experiencias y las imágenes positivas incrementan la capacidad sexual. Y a la inversa, sus contrapartidas negativas impiden la felicidad sexual al perturbar la concentración.

La buena práctica sexual requiere una mente en blanco, como una pizarra limpia que se puede llenar con sentimientos, imágenes y sensaciones eróticas. Para llenar la pizarra, se necesita concentración. Si está ya cubierta de emociones negativas, no seremos capaces de concentrarnos para llenarla de erotismo.

La mayor parte del tiempo no somos conscientes de nuestras emociones negativas, debido a que las emociones son abstractas. ¿Qué «aspecto» tiene una emoción? ¿Cómo saber si una emoción negativa está bloqueando nuestra concentración? Los ejercicios de visualización de este libro le ayudarán a asociar sus emociones negativas con imágenes, de tal modo que pueda hacer algo para cambiarlas. La historia de Jerry es un ejemplo de cómo se desarrolla el proceso.

Cuando tenía diez años, Jerry y una prima suya de trece se entregaron a ciertos juegos sexuales, en los que intervino el coito. Dichos juegos se produjeron sólo unas cuantas veces y, luego, los olvidaron. Jerry nunca fue descubierto ni recibió ningún castigo por ellos. Sin embargo, una vez adulto, se sentía impotente al llegar el momento del coito. Según decía, dejaba de experimentar sensaciones placenteras, y la erección cedía. Hasta ese punto, todo salía «maravillosamente». Pero de pronto, perdía toda capacidad de fijar la atención. Su mente se distraía y las sensaciones de placer le abandonaban.

Hasta que recurrió a la ayuda de un sexólogo, nunca pensó que pudiera existir una relación entre sus juegos sexuales infantiles y su impotencia actual. No recordaba haber recibido ningún mensaje sexual negativo. Sin embargo, su conciencia de adulto reaccionaba contra la violación de un tabú impidiéndole disfrutar del amor sexual hasta su consumación. Aunque era incapaz de identificar su emoción como un sentimiento de culpabilidad, decía que tenía la impresión de que sus fracasos se debían a una especie de «castigo».

Veamos ahora lo que hizo Jerry para limpiar su encerado. Le recomendé una visualización en la que asociase una imagen con el sentimiento de estar siendo castigado. La imagen que se le ocurrió fue la de una aguja hipodérmica gigantesca que le clavaban en el pene en el momento de llegar al coito. Dicha imagen era tan desagradable que Jerry estaba más que deseoso de destruir mentalmente la aguja. En realidad, le divertía hablar acerca de todos los métodos que le permitirían deshacerse de ella. Por último, decidió que la aplastaría con una piedra. Practicó entonces con esa imagen, aplastando la aguja justamente antes del coito. Y pronto descubrió que no necesitaba siquiera la imagen, puesto que había dejado de sufrir de impotencia.

Yo creo que Janis, una amiga mía, pero no mi paciente, apreciaría esta historia. Su situación nos da otro ejemplo de hasta qué punto el erotismo es vulnerable a las imágenes negativas. Llevaba tres años casada cuando se dio cuenta de que su capacidad orgásmica había disminuido espectacularmente en los últimos nueve meses. Aunque antes se excitaba con gran facilidad, ahora descubría que estaba deseando «acabar de una vez». Se distraía pensando en la llamada telefónica que tenía que hacer, en la tarjeta que necesitaba comprar para felicitar un cumpleaños, en la ropa que debía recoger en la tintorería... Su capacidad para concentrarse había desaparecido de pronto. Como estaba muy enamorada de su marido, no comprendía por qué había comenzado a desinteresarse emocionalmente tan de repente.

Sólo después de hablar sobre el tema con una nueva amiga, a la que había conocido en una clínica de adelgazamiento, descubrió la conexión entre los diez kilos que había engordado recientemente y su falta de apetito sexual. Su amiga, que había conseguido adelgazar, le habló de lo sexy que se sentía ahora que había perdido sus kilos extra.

Hasta esta conversación, Janis no había sido nunca consciente de la firme asociación que establecía entre un cuerpo atractivo, impecable, y el «derecho» a disfrutar sexualmente. Antes de caer en la cuenta de esta asociación, hubiera dicho que le parecía una tontería permitir que unos cuantos kilos de más perturbasen su vida sexual. Su nueva comprensión no le hizo perder peso, pero bastó para dejar limpio su encerado mental.

La pérdida de la concentración puede estar también relacionada con el tedio. Toda emoción negativa que se interfiera en la concentración sexual puede conducir al aburrimiento. Cuando a alguien le resulta difícil concentrarse, no se interesa realmente por lo que está haciendo. Es el interés lo que impide que nos aburramos. ¿Ha perdido alguna vez el interés sexual por alguien sin ser capaz de comprender el motivo? El caso de una de mis pacientes nos servirá de ejemplo.

Bob y Sue acudieron a mi consulta con la queja de que su vida sexual era muy limitada. Ambos se hallaban en los últimos años de la treintena y llevaban casados menos de tres. Conservaban aún fresco en la memoria el recuerdo de la pasión que habían sentido al principio de sus relaciones. Estando muy enamorados el uno del otro, les extrañaba la indiferencia creciente de Sue, que empezaba a lindar con la aversión.

Después de varias sesiones de investigación terapéutica intensa, terminamos por identificar al sorprendente culpable: el turno para la ducha, una enconada contienda sobre cuál de los dos tenía que ducharse primero. Afortunadamente para ellos, *tanto* a Bob como a Sue les gustaba ducharse antes de sus encuentros sexuales. Desgraciadamente, al contrario, no les gustaba compartir el cuarto de aseo, más bien pequeño, del que disponían. Eso significaba que uno de ellos debía pasar antes que el otro. Significaba también que el que se duchaba primero tenía que *esperar* a que terminase el segundo. Sin que se diesen cuenta de ello, el que se duchaba primero quedaba en la posición menos deseable.

A petición de Bob, Sue empezó por aceptar el turno «subalterno». Su asentimiento inicial se transformó pronto en una costumbre. Pero a medida que la situación se repetía una y otra vez, se vio obligada a aguardar en la cama a que Bob acabase de ducharse. Y lo que al principio le pareció cinco minutos empezó a parecerle diez, y luego veinte. Con cada espera, su capacidad de centrarse en el placer futuro fue siendo reemplazada por una cólera no manifiesta. Comenzaron a encenderse en su cabeza lucecitas rojas, paralizando el flujo de la excitación. Cuando Bob llegaba a la cama, Sue estaba ya completamente desconectada. A veces, se prestaba a participar, pero su erotismo estaba bloqueado y no alcanzaba el orgasmo. E incluso dejó de sentirse excitada. Incapaz de concentrarse en las sensaciones placenteras, al principio se mostró indiferente al sexo. Después, conforme pasaban los meses, la indiferencia se convirtió en renuencia y, por último, en rechazo. En la época en que vino a mi consulta, se quejaba de que lo único en que se le ocurría pensar durante la actividad sexual era en todo lo que le faltaba por hacer en casa.

Cuando uno lee esto, encuentra imposible que la pareja no se diese cuenta del motivo de su problema. Parece tan obvio... Pero aunque sea cierto que, a veces, las cosas son exactamente lo que aparentan, es un error pensar que los seres humanos tienen un conocimiento profundo de sus motivaciones personales. Cuando se trata de nuestra propia vida, los árboles nos impiden muchas veces ver el bosque. Una vez que Bob y Sue fueron capaces de ver el bosque, la solución fue sencilla: alternar los turnos en la ducha.

Desandar el camino

¿Ha observado alguna vez a un niño pequeño enfrascado en un dibujo? Su concentración suele ser tan intensa que pierde toda conciencia de sí mismo y empieza a sacar la lengua. Como ya mencioné en el capítulo 1, esta concentración se describe a veces como un estado de semivigilia. Todos pasamos por estados de semivigilia. Recuerde la última vez en que se absorbió de tal manera en algo, que, cuando sonó de pronto el teléfono, se sobresaltó tanto que el corazón le dio un salto en el pecho.

La actividad sexual es realmente magnífica cuando nos permitimos entrar en un estado de concentración que nos obliga a perder la conciencia de nosotros mismos. Como el niño que saca la lengua, necesitamos abandonarnos por completo. El contemplarse o el observarse se opone a este autoabandono.

La mente humana es una red intrincada de caminos o de rutas que conducen a centros importantes de control y parten de ellos. Los pensamientos son como automóviles que van y vienen por esas rutas. Los centros de control equivalen a los semáforos y permiten, lo mismo que éstos hacen con los coches, que los pensamientos pasen de una ruta a la siguiente. Durante la actividad sexual, todos los sistemas están abiertos. Las luces son verdes, y el tráfico erótico discurre fluido y fácil. Pero si, en algún punto de la experiencia sexual, el juez interior formula un juicio severo, se encienden las luces rojas, y toda la corriente del tráfico se paraliza. El placer se detiene, como muerto, en sus rodadas.

Los ejemplos anteriores demuestran que las luces rojas pueden provenir de una multitud de fuentes distintas, pero en todos los casos actúan como distracciones que estorban la concentración. La culpabilidad, la vergüenza, la falta de caricias sustentadoras, las preocupaciones por la propia imagen corporal, las luchas por imponerse, el miedo a no responder a las expectativas del otro, el resentimiento y el temor a verse abandonado son otras tantas causas de distracción.

Me he extendido tanto hablando de lo que puede ser la causa de la falta de concentración porque, si hemos de desandar el camino, tenemos que saber lo que nos cierra el paso. Recuerde que un buen desarrollo de la actividad sexual requiere un encerado mental limpio. No podemos borrar las imágenes negativas del encerado si no sabemos en qué consisten. Los capítulos que siguen le ayudarán a identificar algunos de sus bloqueos. Y las visualizaciones contribuirán a borrarlos de su encerado mental, de modo que le sea posible empezar de nuevo.

Sin embargo, antes de comenzar su primera visualización, hay algunas advertencias importantes sobre la concentración que le convendría recordar y que le ayudarán a mantenerse en el buen camino, tanto en las visualizaciones como durante la práctica sexual.

Consejos para la concentración

● Al principio, es de esperar que sufra fluctuaciones en su capacidad para mantenerse centrado.

● No intente reprimir o luchar contra las distracciones. Tome conciencia de ellas. Dígase: «¡Te pillé, distracción! Ya me he enterado. Ahora puedes marcharte».

● Deje que los pensamientos aparezcan y desaparezcan. Puesto que los pensamientos se generan en la mente, ésta tiene el poder de dejarlos desvanecerse.

● Sea paciente consigo mismo. Se necesita algún tiempo para aprender una nueva tarea.

● Practique. Sin duda no lo hará bien la primera vez. Sin embargo, si practica pacientemente, todo irá sobre ruedas.

De modo que ya está preparado para iniciar su primera visualización. El propósito de la misma es ayudarle a recordar los consejos para la concentración que acabamos de exponer. Puesto que se trata de la primera vez, sería conveniente que revisase las técnicas de relajación incluidas en el capítulo 1. Después, intente la visualización siguiente:

Escrito con humo en el cielo

Imagínese en una situación sexual en que le cuesta trabajo concentrarse en las sensaciones, sentimientos y placeres inmediatos. Le siguen pasando por la cabeza pensamientos ajenos al caso, como el estribillo de una vieja canción que le resulta imposible desterrar de su mente. Imagine ahora que esos pensamientos se alzan de su mente y forman nubes blancas y algodonosas, que se quedan flotando sobre su cabeza. Como el humo que deja tras de sí un avión al hacer publicidad aérea, los pensamientos empiezan a desdibujarse, y pronto le será imposible leer lo que dicen. Al final, acabarán por desaparecer, dejándole en libertad para concentrarse en los placeres del momento.

---

3. La importancia del contacto en el amor

A través de los años, mis clientes me han enseñado una lección importante: *el acto sexual es algo, pero el contacto en el amor lo es todo*. El contacto con un compañero sexual supone a la vez una sensación y una comunicación. Piense en lo diferentes que resultan un toque muy suave, que puede ser sensual, y un toque muy rudo, que puede ser doloroso. Y piense en la gran medida en que el tacto actúa también como un medio de comunicación. Por ejemplo, si le pide a su pareja que le de un masaje en el cuello y lo hace dura y apresuradamente, ¿qué mensaje percibe usted? Si las emociones no son agradables y la comunicación positiva, la actividad sexual no será placentera.

No se puede tocar a nadie sin enviarle al mismo tiempo un mensaje. Por eso el contacto tiene tanta importancia para la vida sexual. Nuestra piel es como una pantalla de radar, capaz de captar las matizaciones más nimias. Como en las demás actividades del cerebro derecho, hay un componente intuitivo en la sensación de ser tocado. A través del tacto, sabemos si nuestra pareja desea o no estar allí con nosotros, si está interesada, excitada, aburrida o indiferente.

No se puede dar el contacto por supuesto si se quiere disfrutar realmente de la sexualidad. En la terapia sexual, asigno a veces a las parejas como «tarea para casa» sesiones durante las cuales experimenten con diversas clases de caricias en distintas partes del cuerpo, comentando después sus impresiones. La mayoría de las parejas, cuando les hago esta recomendación, me responden con la observación siguiente: «Nada más sencillo. Eso es lo que hacemos todo el tiempo». Sin embargo, cuando les digo que experimenten tanto el aspecto de la sensación como el aspecto de la comunicación en la caricia sexual, descubren con frecuencia alguna información sorprendente.

Por ejemplo, Jason y Marissa se dieron cuenta después de veinte años de matrimonio de que había una zona alrededor de la parte exterior de los pechos de ella extraordinariamente sensible, pero sólo si la acariciaban en un sentido determinado. Marissa había pensado siempre que a Jason no le gustaba estimularle los pechos. Le parecía tan «desinteresado» que encontraba preferible pedirle que recurriese a otros métodos. Jason, por su parte, creía que a Marissa no le interesaba que la estimulase de ese modo, puesto que «reaccionaba» muy poco. Su solución había sido prescindir de la estimulación de los pechos durante la actividad sexual. El descubrimiento añadió a ésta una dimensión enteramente nueva, ya que el deseo de Marissa se despertaba mucho más rápidamente. Así se alivió en parte la presión que experimentaba para ponerse a tono con Jason, que siempre parecía encenderse «con la facilidad de una bombilla».

¿Qué mensaje sexual transmiten sus caricias?

A diferencia de la simple copulación, propia de los animales, los seres humanos hacen intervenir en su actividad sexual emociones complejas. Las emociones como los celos, la competición, la autoridad, el rechazo, la cólera, el resentimiento y la confianza (por no nombrar más que algunas de ellas) complican la sexualidad y pueden influir espectacularmente sobre las caricias. El caso de Carolyn y Mike es un ejemplo de cómo la falta de confianza perjudica el contacto sexual. Casados desde hacía tres años, Carolyn insistió en que necesitaban una terapia porque Mike prefería hasta tal punto el coito a los preliminares que ella pocas veces conseguía que su deseo se despertara. La penetración resultaba entonces difícil porque no estaba lubricada. Cuando esto sucedía, Mike perdía la erección. Les prohibí el coito y les dije que se acariciasen por turnos de veinte minutos cada uno. Ambos advirtieron con sorpresa que, si bien Mike podía pasarse fácilmente todo ese tiempo acariciando a Carolyn, se sentía incómodo cuando ella le tocaba.

Una exploración más a fondo puso de manifiesto que Mike se había criado en una serie de familias adoptivas y que nunca había experimentado los lazos tempranos que se tejen entre padres e hijos. El contacto íntimo no le parecía «real» y desconfiaba de él. Sin ser consciente de ello, huía del desasosiego que le causaba este sentimiento evitando los actos previos del amor. Una vez que descubrió los motivos de su precipitación hacia el coito, se mostró dispuesto a dedicar algunas sesiones de terapia a curar sus problemas de «aversión al contacto». Gracias a una exposición breve, pero repetida, a las caricias íntimas de Carolyn, logró cobrar confianza y no volvió a experimentar su antigua impresión de incomodidad.

Cierto que la carencia de contacto físico de Mike durante su infancia fue extrema. No obstante, hay que decir que los niños, tanto en la primera como en la segunda y tercera infancia, reciben mucho menos sustento en ese sentido que las niñas. En consecuencia, los varones tienden a sentirse mucho más incómodos con el contacto íntimo que las mujeres. Cuando esta incomodidad alcanza un grado elevado, hipersexualizan sus relaciones con la mujer. A semejanza de Mike, sitúan el foco en el coito, como medio de evitar el contacto íntimo. A veces, esos hombres tienen una serie de relaciones, todas muy sexuales al comienzo, pero a las que ponen fin rápidamente si sienten que se vuelven demasiado íntimas.

La ira y el resentimiento son otras de las emociones que suelen oponerse al contacto íntimo. La caricia íntima es como un regalo que se hace al compañero. Si ha discutido recientemente con su compañero, es fácil deducir que no se sentirá inclinado ni a la intimidad ni al sexo. El problema se plantea, sin embargo, cuando entre ambos miembros de una pareja se establece una enemistad leve, pero prolongada. Las caricias íntimas desaparecen entonces de su relación, aunque los interesados no parezcan saber por qué. Volveremos a referirnos al tema en un capítulo posterior.

Tres tipos de caricia

Los ejemplos anteriores, y muchos otros afines a ellos, me hicieron reflexionar sobre la naturaleza de las caricias íntimas y su correlación con una sexualidad duraderamente satisfactoria. En realidad, el contacto íntimo se compone de tres clases de caricias: las sustentadoras, las sensuales y las sexuales. Estas tres clases de caricias, necesarias para un erotismo sano y feliz, son actividades del cerebro derecho y, afortunadamente, se pueden cultivar con la práctica.

Las caricias sustentadoras

Las caricias sustentadoras son las que nos hacen sentirnos aceptados, solicitados y queridos. Todos los seres humanos necesitan el contacto sustentador. Ahora bien, esto nos hace vulnerables a otro ser humano, que puede aparecer como aterrador a nuestros ojos. Por lo tanto, la actividad sexual se convierte a veces en un señuelo para satisfacer la necesidad de contactos sustentadores. La situación de Mike, que hemos descrito, es un ejemplo de cómo este aspecto puede interferirse, impidiendo una actividad sexual satisfactoria. No debe ser así. El simple conocimiento de que satisfacemos la mayor parte de nuestras necesidades sustentadoras a través de la intimidad sexual basta para asegurarnos de que esta dimensión del contacto queda incorporada a nuestras experiencias.

Nuestra primera percepción del contacto tiene lugar de recién nacidos, siendo a la vez formativa y crucial para la intimidad física posterior en la vida de adultos. En los primeros años de la vida, el contacto sustentador es esencial para la supervivencia. Un lactante protegido y alimentado, pero que no recibe caricias sustentadoras, se retrasa en su desarrollo y su crecimiento. El síndrome se conoce con el nombre de fallo del desarrollo. Cuando se presenta en su forma más extrema (cuando nunca le toman en brazos ni le mecen), el niño simplemente languidece y muere, debido a su incapacidad de asimilar los nutrientes del alimento que recibe. En sus formas más leves (cuando se le cuida, pero no se le ama realmente), el niño se desarrolla y crece, pero desconfía del contacto, como le ocurría a Mike.

Para que, una vez adultos, seamos capaces de dar y recibir caricias sustentadoras, tenemos que haber disfrutado de ellas durante la lactancia y la niñez. El contacto sustentador, como la mayoría de los comportamientos humanos, se aprende. Sin haberlo experimentado, no incorporaremos el darlo o recibirlo al repertorio de nuestros comportamientos. Para algunos, puede significar un vacío capaz de causarles un daño emocional grave. Consideremos, por ejemplo, la historia siguiente.

Lucy se puso en contacto conmigo varios meses después de haber ido a una doctora a causa de una herida recibida mientras hacía deporte. Estaba asustada por la obsesión que le inspiraba esta doctora. Casada desde hacía cinco años, se sentía satisfecha de su matrimonio y continuaba muy enamorada de su marido. ¿Por qué se pasaba todo el tiempo pensando en aquella mujer? Lucy estaba segura de no ser homosexual, pero le asustaba la fuerza de la atracción que ejercía sobre ella y el modo en que la alejaba de su marido. Le pedí que tratase de volver atrás, a una época del pasado en que hubiera experimentado los mismos sentimientos, y recordó otras dos ocasiones en que la asediaron pensamientos sobre una mujer.

Cuando estaba en segundo curso, tuvo una profesora con la que estableció un lazo muy estrecho. La recordaba como una persona cariñosa, amable, comprensiva y afectuosa. Se acordaba muy bien de hasta qué punto había deseado que fuera su madre. Más tarde, ya en la adolescencia, hubo una profesora de gimnasia a la que admiraba también en sumo grado y que la alentaba y la felicitaba con frecuencia. Era como si estuviera loca por ella, pero no había nada de sexual en su obsesión.

Ahora, a los treinta años, Lucy parecía estar de nuevo loca por una mujer. Como en las dos experiencias anteriores, la cosa no presentaba ningún matiz sexual. Sin embargo, le preocupaba. ¿No sería en el fondo homosexual y, sencillamente, no se mostraba sincera consigo misma? Para responder a esta interrogante, necesitábamos saber algo más sobre su pasado, en especial sobre las caricias sustentadoras que había recibido.

Las primeras experiencias de Lucy en este aspecto fueron las típicas de una vida familiar en compañía de un alcohólico. Su padre, bebedor y colérico, dominaba la casa. Lucy, sus dos hermanos mayores y su madre se pasaban la mayor parte del tiempo tratando de no ponerse en su camino. En su memoria, su madre aparecía como un ser tímido y aterrorizado. No recordaba que ningún miembro de la familia la hubiese tomado nunca en brazos, ni mecido ni tranquilizado o confortado.

No es extraño que una niña de siete años, que nunca ha disfrutado de un contacto sustentador, se identifique excesivamente con la primera mujer que le demuestra un verdadero amor, en este caso la maestra del segundo curso. Lucy *buscaba* una madre sustituta que se ocupase de ella. Su fantasía, proyectada sobre la maestra, la obsesionó hasta que se vio obligada a abandonarla. Más tarde, ya en la adolescencia, otra mujer que se cuidó de ella recreó la misma situación. Ahora, a los treinta años, su encuentro con una doctora compasiva y comprensiva resucitó una vez más la fantasía de la niñez y la adolescencia y, en consecuencia, también la obsesión.

Lo que Lucy necesitaba para cicatrizar sus antiguas heridas era alguna experiencia de las caricias sustentadoras. Para convertir la fantasía en realidad, necesitaba dar y recibir un contacto sustentador. Se presentó entonces como voluntaria para trabajar en el pabellón de pediatría del hospital local. Era un ambiente en que se precisaba desesperadamente del contacto sustentador y donde los niños lo agradecían claramente. Al cabo de unos meses, los pensamientos sobre la doctora se desvanecieron, sustituidos, quizá por primera vez en su vida, por la idea de convertirse en madre. Hasta aquel momento, Lucy nunca había sido capaz de acariciar a un niño.

Sus relaciones con su marido cambiaron también. Empezaron a asistir juntos a las reuniones de la Asociación de Hijos Adultos de Padres Alcohólicos y a algunas clases de comunicación dentro del matrimonio. Lucy sentía que se iba estableciendo entre ella y su marido una intimidad creciente y empezó a comprender que en eso consistía el fallo que durante tanto tiempo había causado en su interior un dolor punzante. La actividad sexual, antes tan mecánica, parecía ahora más amorosa y mutua.

Las situaciones de Lucy y Mike demuestran hasta qué punto la carencia de caricias sustentadoras en los primeros años de la vida puede tener repercusiones sobre la sexualidad adulta. Por desgracia, esta «falta de sustento» es más corriente de lo que se cree. Y recientemente hemos descubierto que existe una situación todavía más grave que el descuido y que tiene un profundo impacto sobre la sexualidad adulta: las vejaciones sexuales impuestas a los niños. Las consecuencias de un abuso temprano sobre la capacidad de disfrutar más tarde de una sexualidad normal son muy variadas. Mi experiencia con el uso de la visualización para «reparar» algunos de los daños causados por el abuso sexual ha sido verdaderamente extraordinaria.

Peter formó parte de uno de mis grupos de visualización sobre el abuso sexual. A causa de las repetidas vejaciones a que se había visto sometido, consideraba su cuerpo como algo vil y despreciable. Al fin y al cabo, que alguien emplease su cuerpo de una manera tan horrible demostraba que había algo en él de lo que tenía que avergonzarse mucho. El sentirse indigno de recibir un contacto sustentador le llevó a comer con exceso. En su mente inconsciente, esto prestaba cierta legitimidad a sus sentimientos de indignidad. Sin ser consciente de ello, Peter daba así a las mujeres una «excusa» para no tocar su repugnante cuerpo.

En el seno del grupo, trabajamos con imágenes de su cuerpo identificándolo con una hermosa estatua griega, admirada y apreciada por su valor estético. Con la práctica, Peter empezó a «ver» que sus imágenes previas eran invenciones de su mente y pudo reemplazarlas por imágenes más saludables, aunque también invenciones mentales. Hacia el final de la terapia de grupo, estaba ya preparado para cuidar mejor su cuerpo y, finalmente, para considerarse digno de una mujer buena. Incluso redactó una lista de las cualidades de la mujer ideal para él, cualidades que le infundirían seguridad. Por primera vez en su vida, se sentía optimista con respecto a la posibilidad de disfrutar del contacto *sustentador* de una mujer amante. Ya no necesitaba comer para mantenerla alejada.

Bonnie, otro de los miembros del grupo, se enfrentaba a un problema diferente. El abuso que se había ejercido sobre ella estableció en su mente una estrecha conexión entre el contacto físico y el dolor. Cuando intentaba el coito con su marido, sentía que su cuerpo se paralizaba. Era un «truco» que había aprendido de pequeña para ser capaz de soportar la vejación. «Si no sientes nada, tampoco sentirás dolor», razonaba su mente infantil.

Las visualizaciones de Bonnie se centraron sobre una cuerda de dos cabos. Veía esos dos cabos como si uno de ellos fuera el dolor y el otro el placer. Durante la visualización, trataba de destrenzar la cuerda, a fin de separar el dolor del placer. De este modo, empezó a darse cuenta de que el contacto físico no siempre causaba dolor, por lo cual no había necesidad de paralizarse para evitarlo. Comenzó entonces a olvidar esa necesidad de paralizarse y a permitir que su cuerpo experimentase placer.

Si tiene usted problemas para dar o recibir caricias sustentadoras, o si alguna vez fue víctima de abusos sexuales o físicos, le conviene consultar a un profesional a fin de que le ayude a resolverlos. En el último capítulo de este libro, trataremos de cómo elegir al terapeuta y de cómo proceder a las visualizaciones con aquel que haya elegido. La visualización siguiente le ayudará a evocar algunas oportunidades de contacto sustentador, desde su nacimiento hasta el momento presente. La cuestión está en ofrecerse una «segunda oportunidad» de revivir esas oportunidades a través de la visualización, lo cual puede tener una importancia capital si le fallaron la primera vez. Y si todo le parece excesivamente fingido, recuerde que es la mente la que crea las imágenes y que, por consiguiente, está en su poder cambiarlas. La situación de Bonnie, que acabamos de exponer, supone un buen ejemplo.

El descenso del ascensor

Imagínese en el interior de un ascensor que se encuentra en el último piso de un edificio de gran altura. El número de ese último piso es equivalente al número de años que tiene usted en la actualidad. Lentamente, deje que el ascensor descienda hacia la planta baja y observe cómo van disminuyendo los números en el indicador. Con cada piso que desciende el ascensor, vuelve usted a un año anterior de su vida. Al llegar a la planta baja, habrá regresado a la primera infancia. Imagínese que está en brazos de una persona amante, que le mece y le habla muy tiernamente. Déjese envolver por el amor y la ternura que está recibiendo. Siéntase a salvo y seguro, esos sentimientos que provienen de saber que uno es querido. Experimente la suavidad y el cuidado con que le acarician. Disfrute de las sensaciones y los sentimientos que suscita el contacto sustentador.

Vuelva ahora al ascensor y suba algunos pisos, hasta los tres años. Imagínese que está jugando al aire libre. Se cae, se hace daño y corre gritando hacia un adulto, que le toma en sus brazos y le consuela. El contacto lleno de fuerza, amante, del adulto le tranquiliza y le dice que todo va bien. El mundo le parece de nuevo seguro y puede volver a sus juegos.

Regrese una vez más al ascensor y suba al quinto piso. Tiéne ahora cinco años, y sus padres le han dejado en casa de un pariente para pasar la noche. Se mete en una cama que le resulta extraña y, de repente, se siente muy asustado, porque no hay nada allí que le resulte familiar. Busca entonces el «consolador» que se ha traído consigo, el objeto que ha sido su favorito desde que era un bebé (un juguete de felpa, una manta, una almohada...) y lo aprieta muy fuerte. Al acariciarlo rítmicamente y aspirar su olor, tan bien conocido, empieza a sentirse a salvo. La posibilidad de tener en las manos y de tocar algo tan familiar proporciona un gran consuelo. La proximidad física del objeto ahuyenta sus miedos y le permite conciliar un sueño ligero.

Entre de nuevo en el ascensor y suba al último piso. Cuando llegue arriba, estará en su edad actual. Imagínese en compañía de una persona que tiene gran importancia en su vida, sabiendo que necesita usted sus caricias sustentadoras. Vea cómo le toma cariñosamente en sus brazos, cómo le acaricia con ternura y suavidad. Permítase sentir la seguridad y el confort que le presta este contacto. Ríndase a la comprensión del poder que posee esa persona de hacerle sentirse a salvo con su contacto sustentador.

Tampoco el principal propósito del contacto sensual es erótico. La caricia sensual estimula y agudiza todos los sentidos.
Desgraciadamente, muchos de nosotros estamos programados
para pensar sólo en el sexo cuando nos hablan de sensualidad.
Nos limitamos a nosotros mismos al adoptar una estrechez de
miras semejante. Acariciar a un perro o un gato, chuparse los
dedos después de comer un pastel, alborotar el pelo de un niño
o frotarse la cara con una toalla templada después de la ducha
son ejemplos de contactos sensuales en los que no hay nada de
sexual. En cada una de tales situaciones, se estimulan los sentidos de modo placentero. Si no nos abrimos a este tipo de estimulación, perderemos sus beneficios. Aprender a ampliar nuestra definición de la sensualidad multiplicará los placeres que la
vida puede ofrecernos. Contribuye también a facilitar el paso al
cerebro derecho durante la actividad sexual, donde tantos éxtasis nos esperan.

Cierto que el contacto sustentador es necesario para nuestro
bienestar mental y físico, pero el contacto sensual se sitúa en un
plano más elevado. Aunque podemos vivir sin contacto sensual
nuestra vida se verá privada de un gran número de placeres sencillos y gratuitos. Lo mismo que es posible vivir sin haber visto
nunca una puesta de sol espectacular, se puede sobrevivir sin
cultivar la sensualidad. Sin embargo, al igual que la calidad de la
vida mejora inconmensurablemente con un espectáculo de esta
naturaleza, nuestra vida se exalta con la experiencia de la sensualidad. Y en último término, una persona consciente sensualmente es un compañero atractivo desde el punto de vista sexual.

Con demasiada frecuencia, soterramos nuestra necesidad de
contacto sensual y la forzamos a ocultarse como una fugitiva.
Como en el caso del contacto sustentador, nuestra cultura reconoce poco la necesidad humana del contacto sensual. Dado que
nos enseñan a ignorar conscientemente esta necesidad, despachamos rápidamente una serie de actividades capaces de pro-
porcionarnos mucho placer. Nos damos duchas rápidas y con fines exclusivamente prácticos, nos rascamos la espalda sólo para
eliminar el picor o el dolor, nos pintamos las uñas pensando en
su apariencia, los apretones de mano tienen un fin introductorio
y son breves, descartamos los baños de agua espumosa, y la ac-

tividad sexual, que despachamos a toda prisa, está exclusivamente destinada al orgasmo. En resumen, somos una cultura orientada hacia lo práctico y no hacia el placer. El cerebro izquierdo se impone al derecho.

Ejercicio: Agudice sus sentidos

Hay un ejercicio muy sencillo que se puede hacer a diario para activar el cerebro derecho: cada mañana, antes de levantarse de la cama, se redacta mentalmente una lista. Lleva menos de un minuto pensar en los placeres sensuales de los que uno puede disfrutar en ese día. Decida mentalmente qué clase de placer sensual le gustaría incrementar en esta fecha. Por ejemplo, en lugar de lavarse rápidamente la cabeza, concédase tiempo para concentrarse en las diversas sensaciones que recibe durante la experiencia. Si lo hace con calma y sensualmente, tendrá una sensación distinta que si lo hace con brusquedad. Cuanta mayor atención preste a sus sensaciones, más sustentado se sentirá durante el día. Y eligiendo una nueva actividad cada día y enfocándola desde el punto de vista de la sensualidad, se sorprenderá al comprobar hasta qué punto se agudizan sus sentidos. Recuerde lo fino que suele ser el oído de los ciegos. Eso le dará una idea de los beneficios que se obtienen con este ejercicio.

El ejercicio es importante porque, al agudizar los sentidos, convierte al sujeto en una persona más consciente sensualmente, más regida por el cerebro derecho. Y esto se logra sin necesidad de recurrir a estimulantes como el alcohol o las drogas. Su placer sexual adquirirá una dimensión sensual nueva, que, a su vez, incrementará el despertar de los sentidos de su pareja. Prestando atención a esas sencillísimas actividades cotidianas, se le ofrece la oportunidad de estimular su cerebro derecho, en lo cual reside toda la diferencia entre una actividad sexual excitante e interesante, y la indiferencia sexual o el tedio.

La visualización siguiente estimulará su conciencia del contacto sensual.

El éxtasis sensual

Imagínese solo, paseando por un prado encantador, esmaltado de flores silvestres. El aire que le rodea es límpido, fresco y aromatizado con el perfume de las flores. El sol luce en el cielo y puede sentir su calor, que le envuelve como un manto confortable. El cielo es azul y salpicado de nubes suaves y algodonosas, que le hacen sentirse ligero como una pluma. Los pájaros entonan sus cantos melodiosos.

Sus pies están tan ligeros que se alzan un poco del suelo, y su cuerpo empieza lentamente a ponerse horizontal, de modo que queda flotando sobre un lecho de flores silvestres, descansando sobre la espalda. Se siente relajado, firme, en seguridad y soñador. Alguien a quien aprecia mucho y en quien tiene confianza se acerca y se sienta detrás de usted, de modo que le hace apoyar ligeramente la cabeza en su regazo. Esa persona empieza a acariciarle la cara con las manos. Su contacto es firme pero suave. A medida que le masajea las sienes, su cuerpo se relaja cada vez más. Su atención va y viene entre la maravillosa sensación de la caricia y la estimulación de sus demás sentidos: el dulce aroma de las flores, el agradable calor del sol sobre su cuerpo, la suave brisa que le roza lentamente y los musicales sonidos de los pájaros. Todos sus sentidos están siendo estimulados, haciéndole experimentar un éxtasis sensual.

Ahora que ha agudizado ya su conciencia sensual, he aquí una visualización que le ayudará a revelar a su pareja las partes de su cuerpo que son más sensibles.

El mapa anatómico

Imagínese frente a un gran mapa anatómico de su cuerpo. Piense que su amante es alumno suyo y que le está enseñando orgullosamente su cuerpo, que usted conoce a fondo. Su pareja parece fascinada y deseosa de enterarse de lo que usted tiene que decirle. Con un puntero, le indica las partes que reaccionan con un placer más intenso a sus caricias. Le enseña exactamente dónde y cómo puede proporcionarle a su cuerpo el mayor placer.

La caricia sexual

Este tipo de contacto *se orienta específicamente hacia el despertar fisiológico de los genitales.* No esté limitado a los genitales, sino que incluya toda clase de caricias y en cualquier parte del cuerpo, con tal de que den como resultado la excitación sexual. Dado que la naturaleza nos ha dotado con una reacción placentera al contacto sexual, todos poseemos la capacidad de disfrutar de él. Se trata de un regalo exquisito, pero exige ciertas condiciones y, por lo tanto, no se puede dar nunca por garantizado. Para experimentar placer, hemos de estar relajados y ser capaces de permanecer en el cerebro derecho, el órgano donde se origina el placer.

La capacidad de disfrutar de la caricia sexual es frágil. Son muchas las cosas que se interfieren para causar temporalmente la pérdida de ese don. Utilizar la actividad sexual para demostrar la propia masculinidad o feminidad, la fuerza o el control, nos aleja de él. Las expectativas de proezas sexuales hacen huir el placer. Las imágenes negativas que suscitan sentimientos de vergüenza, culpabilidad o temor destruyen el don. La clave está en mantenerse en el cerebro derecho y dejar que se imponga el don de la naturaleza.

La visualización siguiente le ayudará a disfrutar de las caricias sexuales.

Zonas erógenas

Imagínese a sí mismo en un lugar aislado e íntimo. Puede ser una casita en la montaña, una casa a orillas del mar sobre un acantilado o cualquier otro sitio que se le antoje. Quizá haya allí una chimenea donde arde el fuego, una vista de las que cortan la respiración, una cama, un sofá o una alfombra confortable. ¿Y por qué no las tres cosas? Lo importante es que el ambiente le haga sentirse cómodo, seguro y en la intimidad. Puede imaginar también una agradable música de fondo.

Vuelva ahora su imaginación creativa hacia la presencia de otra persona. En el entramado de su mente, pinte esa persona exactamente como le gustaría que fuese. Deje entonces que cobre vida y que ocupe un lugar a su lado.

Visualícese siendo objeto de caricias eróticas. Las recibe en las partes de su cuerpo que son más sensibles a ellas. Puede incluir los dedos de las manos y de los pies, las orejas, las nalgas, los genitales, los pezones, los pechos o cualquier otra zona erógena. Piense en cómo le gustaría que le tocasen e imagine que le tocan así. Mientras conserva esa escena en la mente, fíjese en que su cuerpo empieza a hormiguear y en que experimenta una sensación placentera en los genitales. Siente como un ligero desasosiego en todo el cuerpo y desea mover la pelvis. Ese despertar resulta excitante, pero no surge la necesidad de hacer nada más que disfrutar del placer de la sensación.

El contacto total: su contribución a la vida sexual

Cuando la caricia sexual coexiste con la caricia sustentadora y la caricia sensual, la experiencia sexual resulta realmente magnífica. La fusión de las tres constituye el *contacto total* o *contacto íntimo*. Es el conjunto —la combinación— lo que hace la actividad sexual satisfactoria y la satisfacción duradera. La caricia sustentadora y la caricia sensual pueden existir por sí solas. Son valiosas por sí mismas. Pero cualquiera que haya experimentado el contacto sexual sin sus dos contrapartidas sabe hasta qué punto parece mecánico, ritualista y desconectado.

Recuerdo una encuesta, no científica, que Ann Landers realizó hace ya varios años entre sus lectoras. ¿Qué preferían, ser acariciadas y abrazadas o el «acto» sexual? Fueran cuales fuesen las circunstancias, hubo una abrumadora mayoría de respuestas en favor de las caricias. Los resultados de esta encuesta causaron un verdadero revuelo. La agitación se debió a que se interpretaron sus resultados como si las mujeres no se interesasen por el coito. Nada más lejos de la verdad.

Lo que una encuesta llevada a cabo en esas condiciones no podía decirnos realmente es que las mujeres se interesan mucho por el coito, pero no en ausencia del contacto sustentador y sensual. Su agudeza las induce a querer todo el conjunto. Y no son ellas solas. Obligado a contestar a la misma pregunta, el contexto cultural de un hombre le forzaría a elegir el coito, so pena de ser tratado de poco varonil. En la práctica, muy pocos hombres encuentran placer en el acto sexual cuando no intervienen en él las caricias sustentadoras y sexuales. Sin embargo, en nuestra cultura, sólo los muy valientes y los muy sinceros se atreverían a admitirlo.

¿Recuerda a Carolyn y Mike, la pareja que tenía problemas porque él precipitaba el coito con objeto de evitar el contacto íntimo? Mike desconfiaba al principio, pero, una vez que aprendió a confiar en las caricias, él y Carolyn alcanzaron un nivel nuevo de goce sexual. En lugar de prescindir casi por completo de los preliminares, empezaron a veces a dedicar una hora, incluso más, a disfrutar de las tres clases de caricias. El contacto total, recién descubierto, fue como un juguete nuevo para ellos. Mike confesó que había cambiado hasta tal punto que cada vez le era más difícil escuchar cómo otros hombres «sexualizaban» a las mujeres. Antes le gustaba ir a beber con sus compinches y hacer comentarios sexuales sobre toda mujer que penetraba en la sala. Ahora, cuando su opinión sobre el sexo se extendía mucho más allá del coito, le parecía que sus amigos demostraban una gran estrechez de miras con respecto al alcance de la vida sexual. Creía que las nuevas alegrías que ésta le proporcionaba compensaban la renuncia a las tardes con sus camaradas.

El contacto total mitiga el tedio sexual

En los primeros tiempos de una relación sexual, la pasión es intensa y poderosa y, a menudo, hace aparecer como fácil añadir las caricias sustentadoras y sensuales a la caricia sexual. Desgraciadamente, en el proceso de maduración de nuestras relaciones, las caricias sustentadoras y sensuales se evaporan poco a poco, permitiendo que el contacto sexual se instale en exclusiva. En varios capítulos de este libro, descubrirá por qué todos tenemos tendencia a dejar que los aspectos sustentador y sensual se desvanezcan de nuestras relaciones. Con los años de vida en común, el contacto íntimo adquiere una cualidad superficial, como ocurre en el «hola» o el beso de despedida rituales, tan comunes en muchas relaciones duraderas.

Por su propia naturaleza, el contacto sexual crea un clima de egoísmo calculado. Surge la impresión de estar siendo utilizado y comenzamos a rechazarnos el uno al otro. Con el tiempo, las largas sesiones sexuales, relajadas y apasionadas, se convierten en una carga, en un trabajo, en lugar de ser un placer. Dado este contexto, la vida sexual en su conjunto padece una falta de verdadero interés por parte de sus protagonistas. Recuerde que, como dijimos en el capítulo 1, la falta de interés es la causa principal del aburrimiento. Todo resulta tan natural que el sexo se vuelve tedioso cuando se le deja únicamente el contacto sexual.

Jack y Kelly son muy representativos de un gran número de parejas a las que veo y que acuden a mi consulta porque no están satisfechas de la frecuencia de su actividad sexual. Hacía cuatro años que se habían casado y se trataba para ambos de su primer matrimonio. Estaban pensando en la posibilidad de tener hijos, pero, antes de comprometerse de este modo a largo plazo, querían esclarecer lo que consideraban como problemas sexuales graves dentro de su pareja.

Tanto Jack como Kelly manifestaban una carencia total de entusiasmo por sus encuentros sexuales. A veces, uno de ellos pensaba en el amor durante el día y planeaba mentalmente proponérselo al otro al llegar la noche. Sin embargo, raras veces se decidían. La preocupación por las tareas que era preciso cumplir o, simplemente, el deseo de ver la televisión se imponían a sus buenas intenciones. No obstante, cuando se ponían de acuerdo, las cosas salían bien. Eso les desconcertaba más todavía.

Cuando les pregunté cuáles eran los motivos por los que solían discutir, ambos se mostraron de acuerdo en que, aunque discutían a veces por cuestiones sin importancia, consideraban que, en conjunto, su matrimonio marchaba muy bien. En su opinión, su único problema estaba en el sexo. Les asombraba la escasa frecuencia de sus relaciones porque se sentían muy apegados el uno al otro y porque ese apego era tan fuerte como el día en que decidieron casarse. Les interrogué entonces más a fondo sobre esas cuestiones «sin importancia» que les hacían discutir. Se echaron a reír y dijeron que se trataba de tonterías y, desde luego, nada que se interfiriese en su vida sexual.

Insistí en que me explicasen en qué consistían sus problemas. Jack y Kelly se pusieron a la defensiva. Kelly quería que Jack participase más en las faenas caseras, pues ella trabajaba fuera todo el día. A su entender, lo que le pedía no era nada del otro jueves. Jack replicó que contribuía más que la mayoría de los hombres que conocía y pensaba que, si Kelly fuese más ordenada en su trabajo, no tendría después tantas cosas que recoger.

Su paso a una actitud defensiva fue acompañada por un cambio en su lenguaje corporal. Los cuerpos de Jack y de Kelly se apartaron ligeramente el uno del otro y pude advertir entre ellos la tirantez que se observa con frecuencia durante los altercados entre las parejas. Vi claramente que, pese a su intento de minimizar el problema, tenía un impacto grave sobre su mutuo contacto físico. En mi práctica como terapeuta, tropiezo muy a menudo con esta tendencia de las parejas a minimizar ciertos hechos específicos. Quizá piensen que están discutiendo por la manera de apretar el tubo del dentífrico, por los programas de televisión, por los tentempiés a la hora de acostarse o por cualquier otra cosa igualmente insignificante, sin darse cuenta de que, si bien esos detalles carecen en efecto de importancia, lo que simbolizan es crucial para su armonía. Lo que las «pequeñeces» simbolizaban para Kelly y Jack era una batalla soterrada por la autoridad.

Cada vez que nos sucede una cosa semejante, la cualidad íntima del contacto queda destruida por la competición por el poder, por el tira y afloja de quién tiene razón o no. Las investigaciones sobre las relaciones entre las parejas indican que el factor más destructivo en una relación consiste en la lucha por el poder. Lo mismo que Bob y Sue (cuyo caso describimos en el capítulo 2), Kelly y Jack se habían atascado en una discusión sin palabras por ver cuál de los dos se imponía. Aunque insidiosa y disimuladamente, la relación amorosa estaba siendo usurpada por una relación de rivalidad. Los que antes eran amigos se estaban convirtiendo en enemigos no declarados e, instintivamente, todos evitamos la intimidad con nuestros enemigos.

Les recomendé a ambos que, durante la semana siguiente, dedicasen unos minutos a visualizar sus primeras sesiones amorosas y, a continuación, las sesiones más recientes, que anotasen luego por escrito las diferencias entre ellas y enfocasen sus pensamientos sobre las divergencias principales. Les aconsejé también que, una vez a la semana, pasasen unos cuarenta minutos acariciándose simplemente, no de manera erótica, sino sustentadora y sensual. No estaban seguros de su deseo de obedecerme en cuanto a la cuestión de la escritura, pero creían que la sección de caricias les sería fácil. Era la actividad sexual lo que les causaba problemas, no el contacto mutuo.

En la práctica, no hicieron ninguna de las «tareas para casa» que les había señalado. Tras presentarme una lista de excusas acerca de lo ocupados que habían estado aquella semana, empezamos a hablar de las caricias. Les dije que se pusiesen en pie y se abrazasen. Aunque de mala gana, puesto que encontraban aquello ridículo, acabaron por levantarse y darse un abrazo «tipo A». Es decir, sus cuerpos se aproximaron sólo por la parte superior, dejando una pequeña distancia entre las partes inferiores. El hecho de señalarles el detalle nos llevó a discutir más a fondo la cuestión del contacto. Así empezaron a surgir algunos indicios sobre la causa de sus dificultades. Al parecer, las caricias no eran tan fáciles como habían creído al principio. Les señalé las mismas tareas para casa que la semana anterior.

Esta vez llevaron a cabo los ejercicios por escrito, pero omitieron de nuevo la sesión de caricias. Después de pasar cierto tiempo pensando y escribiendo acerca de los cambios que se habían producido en su práctica sexual, tanto Jack como Kelly admitieron que no les gustaba acariciarse el uno al otro. Ambos coincidieron en que lo que les fallaba era el placer que antes habían sentido al entregarse a otra persona. Y a medida que dejaban de entregarse totalmente, su actividad sexual se había ido orientando más hacia el orgasmo y menos hacia los aspectos sensual y sustentador. Los orgasmos les «engañaban», haciéndoles creer que las cosas iban bien en este aspecto.

Desde luego, no es raro que se defina la buena actividad sexual como la posibilidad de tener orgasmos mutuamente satisfactorios. Kelly y Jack se limitaban a acatar la norma cultural: un buen encuentro sexual igual al coito más el orgasmo. Hasta nuestras entrevistas sobre el tema, nunca se les había ocurrido que exigían del sexo algo más que los orgasmos. Al dejar de sentirse cómodos proporcionándose placer el uno al otro, dejaron también de acoger los extras que el sexo tiene que ofrecer. La actividad sexual empezó a asemejarse a una lucha por el poder. Inconscientemente, cada uno de ellos quería que el otro le diese un poco más. Aunque se habían convertido en expertos en todas las habilidades mecánicas para llegar al orgasmo, sabían que fallaban en las áreas de la caricia sustentadora y la caricia sensual. Sin estas dos cualidades, el interés se desvanece, con lo que pronto surge el aburrimiento. Naturalmente, el aburrimiento arrastra consigo el deseo de evitar la actividad sexual.

La solución para Jack y Kelly fue doble: 1) reconocer la importancia de sus diferencias, a fin de hablar abiertamente de ellas; 2) introducir de nuevo las caricias sustentadoras y sensuales en su actividad sexual. Dado que las emociones negativas surgen fácilmente en el camino del contacto íntimo, resolver el conflicto supone un requisito para éste.

Si tiene la impresión de que en su relación no se incluye el contacto total, he aquí un ejercicio que les ayudará, a usted y a su pareja, a poner de nuevo las cosas en su lugar.

Ejercicio: La lista de compras sexuales

Imagínese a usted y a su pareja en una situación sexual. Empiece verdaderamente desde el principio y recuerde la manera en que suelen iniciar los preliminares. Deje que su mente recorra con todo detalle el desarrollo normal de la escena, pensando en las tres clases de caricias. Repita la escena varias veces, hasta que se familiarice a fondo con ella. Haga luego una lista de tres columnas. Incluya en la primera columna las caricias que le gustaría conservar; en la segunda, aquellas que le gustaría descartar. La tercera columna corresponde a su «lista de compras», las caricias olvidadas que quiere añadir. Una vez que los dos hayan hecho sus listas respectivas, muéstrenselas el uno al otro.

4. La influencia de la masturbación sobre el amor en la pareja

Que el contacto íntimo entre los dos miembros de una pareja supone un ingrediente esencial para una relación sexual satisfactoria, es algo que no deja lugar a dudas. Ahora bien, si la masturbación consiste en acariciarse a sí mismo, ¿qué influencia puede tener sobre el amor en pareja? ¿Para qué se necesita contar con un compañero cuando se trata de masturbación? ¿Y en qué sentido se relaciona la masturbación con la idea del cerebro derecho?

Para contestar a estas preguntas, tiene que estar dispuesto a renunciar a ciertos tabúes culturales muy potentes y ampliar su definición de la masturbación. De este modo, operará principalmente en el cerebro derecho, el lugar en que se asienta la felicidad sexual.

Sus nociones sobre la masturbación, ¿forman parte del problema o de la solución?

Las caricias y los toques en los genitales son comportamientos naturales en el ser humano y se han dado en todas las culturas a través de la historia. En algunas culturas, se acepta que un adulto acaricie los genitales de un niño como medio para calmarle cuando está inquieto. La experimentación con la autoestimulación durante la infancia constituye un paso normal en el desarrollo de la sexualidad. Lo mismo que el gatear antes de andar, la masturbación infantil es un estadio preparatorio para la sexualidad adulta en pareja.

Sin embargo, por muy normal y natural que sea la masturbación, es raro encontrar a un adulto que no se turbe cuando oye pronunciar esa palabra. Una conversación que sostuve recientemente por teléfono con un amigo ilustra muy bien este punto.

—¿Y qué, Carol? ¿Cómo va el libro que estás escribiendo?
—Magníficamente.
—¿De qué tema te ocupas ahora?
—Más vale que no lo sepas.
—¿Por qué? Tengo interés en saberlo.
—No, no lo tienes.
—Sí. Anda, dímelo.
—Bueno... De la masturbación.
—¡Ah! Tienes razón. No me interesa.

Aunque no podía ver cómo había enrojecido su cara al otro lado de la línea, sabía que estaba avergonzado.

El origen de nuestro sentimiento de embarazo es muy antiguo, enraizado en la religión primitiva, donde la pérdida de la semilla (el semen) se condenaba (y en algunos casos, se sigue condenando) como un pecado. Mucho más tarde, ya en el siglo XVIII, se proclamó que, además de ser pecado, provocaba la aparición de enfermedades mentales. La asociación de la masturbación con el pecado y la locura continúa influyendo en nuestras creencias actuales.

Nuestros sentimientos negativos y nuestras miras estrechas con respecto a la masturbación son muy profundos y, por consiguiente, nos retienen en el cerebro izquierdo, sede de las inhibiciones. Esos puntos de vista negativos nos han sido transmitidos a través de valores, expectaciones y normas culturales que se mantuvieron durante siglos. Nunca es fácil repudiar los imperativos culturales. Aceptamos como verdad lo que nuestra cultura nos enseña, una aceptación de la que somos muchas veces inconscientes.

Por ejemplo, la generación de nuestros padres creía firmemente que la masturbación causaba la aparición de verrugas, enfermedades mentales y otras taras terribles. Hoy en día sabemos que no es verdad, pero la mayoría de la gente sigue sintiéndose incómoda en cuanto a la masturbación debido a sus antiguas asociaciones. La visualización es un instrumento poderoso para ayudarnos a modificar nuestras creencias y nuestros comportamientos y para intensificar nuestro uso del cerebro derecho.

Una anécdota que le ocurrió a un colega mío ilustra muy bien lo que acabo de exponer.

Mi amigo, sexólogo como yo, me contó la conversación sobre la masturbación que había tenido con su hija de quince años. Muy convencido de que debía ser sincero y honrado cuando hablase con ella de cuestiones sexuales, le dijo que la masturbación era cosa muy corriente en todas las edades. Estaba ensalzando las diversas virtudes de la misma cuando la chica le preguntó de repente, con toda inocencia: «Entonces, papá, ¿con qué frecuencia te masturbas tú?». Mi amigo sintió que la cara se le cubría de rubor al ver que su disertación científica tomaba un giro inesperadamente personal. Se dio cuenta de que casi le chocaban sus propias palabras cuando finalmente fue capaz de responder: «Bueno... La cosa varía. Depende de las circunstancias». En su fuero interno, tuvo que admitir que esa respuesta evasiva e impersonal procedía directamente de su analítico cerebro izquierdo. Incluso le sorprendió esta observación, dado su enfoque «liberal» de la sexualidad.

Vista la utilidad de la visualización para ayudarnos a superar las arraigadas herencias culturales que han perdido ya su propósito primitivo, aconsejé a mi colega que practicase mentalmente esta escena con su hija, dándole una respuesta más personal. Varios meses después, me llamó para decirme que había abordado de nuevo el tema y que el entrenamiento mental había reducido considerablemente su incomodidad, permitiéndole revelar a su hija que, en general, se masturbaba una vez por semana, y a veces más.

Las encuestas recientes sobre la sexualidad han puesto de manifiesto la existencia de una gran variedad de comportamientos, pautas y creencias con respecto a la masturbación. De acuerdo con esas encuestas, la mayoría de las personas han experimentado con la masturbación alguna vez. Los hombres la practican en mayor proporción que las mujeres, aunque el número de éstas que lo hacen aumenta de manera continua. Algunos siguen pensando que se trata de algo feo y pecaminoso y, por el contrario, otros piensan que es lo mejor del mundo después del pan. Muchos creemos que está bien mientras no dispongamos de un compañero. La única característica común a todas nuestras creencias es el secreto. En lo que se refiere a la masturbación, hay una palabra clave: «chitón».

La herencia de secreto y de vergüenza vinculada a la masturbación actúa como un censor de los pensamientos y las sensaciones sexuales, inhibiendo la *plenitud* del goce. Gracias a las visualizaciones, se puede ir acallando poco a poco a ese censor y aceptar la experiencia de todas las partes de la sexualidad, incluyendo la parte capaz de sentir el deleite sexual que procede exclusivamente de sí mismo.

Un repaso histórico a la masturbación

Y siendo un acto hasta tal punto natural, ¿por qué nos sentimos tan incómodos incluso ante la simple mención de la palabra masturbación? El origen de esta incomodidad tiene sus raíces en la religión primitiva, pero fue luego fertilizada e implantada firmemente por un médico suizo del siglo XVIII, Simon André Tissot. Las investigaciones de Tissot en busca de una explicación para las enfermedades todavía enigmáticas de su tiempo le condujeron a formular su teoría de la degeneración sexual. En aquella época de la historia, antes del descubrimiento de la teoría de los gérmenes, la causa de la enfermedad era un misterio, y la enfermedad mental resultaba particularmente desconcertante. A los ojos de Tissot, el comportamiento inusual o inexplicable del enfermo mental «parecía» similar al del hombre desvirilizado. Tissot agrupó ambos conceptos con el término degeneración. Un degenerado era un ser malo, perverso o corrompido moralmente.

Gracias a los diligentes esfuerzos de Tissot, el mundo médico acabó por aceptar su teoría. En un libro escrito en 1758, convenció a los pensadores médicos de que la pérdida del fluido vital seminal era la causa tanto de la enfermedad física como de la enfermedad mental.

Tissot llegó a su conclusión siguiendo un proceso de razonamiento inductivo a partir de la castración. Había observado, lo mismo que sus predecesores, que uno de los efectos de la castración consistía en la desaparición del semen. Luego el desperdicio del semen debía causar lo mismos efectos desvirilizantes presentados por la castración. Tissot no sabía nada de la testosterona, la hormona masculina y, por lo tanto, llegó a la absurda conclusión de que la pérdida del semen durante la masturbación provocaba la degeneración, conclusión que se impuso con tanta fuerza que, dos siglos más tarde, y a pesar de las pruebas científicas en contra, la simple mención de la palabra masturbación continúa haciendo surgir el rubor en nuestras caras.

La teoría de Tissot, escrita originalmente en latín, no se tradujo al inglés hasta 1832. Los acontecimientos ocurridos en América en aquel momento contribuyeron a la aceptación de sus afirmaciones. El reverendo Sylvester Graham, seguidor declarado de Tissot, creía que la dieta, una vida sana y la abstinencia ayudaban a luchar contra la tentación maléfica de la masturbación. En consecuencia, inventó una galleta (denominada muy apropiadamente la galleta Graham) que, según se suponía, disminuía la necesidad carnal.

El más fiel y más famoso discípulo de Graham fue John Harvey Kellogg, médico y director del Battle Creek Sanitarium, incorporó una dieta saludable a su tratamiento de la locura. Combinaba cereales y nueces y sostenía que la sustitución de la carne por estos alimentos reducía el deseo carnal.

Kellogg se mostró fanático en la defensa de su pensamiento. John Money dice de él en su libro *Lovemaps* (1986):

Kellogg fue el más ardiente abogado de la antimasturbación y de la teoría de la degeneración. Para los casos intratables de masturbación en los chicos, recomendaba coser el prepucio con un alambre de plata o, si esto fallaba, la circuncisión sin anestesia. Para las chicas, aconsejaba quemar el clítoris con ácido carbólico. Escribió también instrucciones detalladas para los padres, mostrándoles cómo debían aproximarse furtivamente a sus hijos dormidos y retirar rápidamente las mantas. Un pene en erección constituía una prueba *prima facie* de que el pecador dormido se entregaba al vicio secreto.

La teoría de los gérmenes como causantes de la enfermedad y la nueva ciencia de la bacteriología, fundada por Louis Pasteur y Robert Koch en torno al año 1870, fueron rechazadas por Kellogg. Tan aferrado estaba éste a sus principios que preservaba su propio semen durmiendo solo. Nunca llegó a consumar su matrimonio (Money, 1986).

Ninguno de los precursores de la antimasturbación se planteó siquiera el problema de los sexos. La teoría de la degeneración se basaba en la observación de los varones, pero se extendía a todo pensamiento carnal, fuese masculino o femenino. No se explicaba exactamente cómo podía aplicarse la teoría del semen a las mujeres, pero ni la medicina ni la sociedad se lo preguntaban siquiera.

Aunque la mayoría de los científicos del siglo XX abandonaron sin dificultad los anticuados principios de Tissot, Graham y Kellogg, una gran proporción de la sociedad no lo hizo. La religión, las leyes, los medios de comunicación de masas, la enseñanza y algunas áreas de la medicina conservan la asociación entre la degeneración y la masturbación. A pesar de las pruebas científicas en contra, las creencias arraigadas desde hace mucho tiempo no desaparecen fácilmente.

El descubrimiento sexual de sí mismo contribuye a superar los estancamientos sexuales

La mayoría de nosotros pensamos en la masturbación como un medio de conseguir el orgasmo sin necesidad de pareja. Y lo es, en efecto. Pero la masturbación presenta otros beneficios que se pasan muchas veces por alto. Concretando, el descubrimiento de nuestro yo sexual y del amor a nosotros mismos.

El descubrimiento sexual de sí mismo

La experiencia temprana de la autoestimulación es un primer paso para el descubrimiento de nuestro yo sexual. De niños, sentimos una curiosidad natural por todo lo que existe en el mundo. Nuestros cuerpos no son excepción. La exploración abarca todas las partes del cuerpo. A medida que nos tocamos, descubrimos el placer que éste nos proporciona. El placer actúa como un refuerzo y nos inclinamos del modo más natural a esos contactos, de los que derivan sensaciones placenteras.

La autoexploración temprana de los placeres corporales reviste una gran importancia para nuestras futuras relaciones sexuales. Mediante este proceso, aprendemos a apreciar nuestro cuerpo, lo que contribuye al desarrollo de una imagen corporal positiva, tan esencial para la actividad sexual en pareja. Cuando nos sentimos satisfechos de nuestro cuerpo, nos distraemos menos durante las sesiones sexuales y somos más capaces de trasladarnos al cerebro derecho, de tal modo que podemos disfrutar del placer de la experiencia. ¿Recuerda la historia incluida en el capítulo 2 de aquella mujer que engordó diez kilos y perdió la capacidad de concentrarse? Al tomar conciencia de su cuerpo, fue incapaz de seguir participando plenamente en la actividad sexual.

Paul nos proporciona un ejemplo de la importancia que el descubrimiento sexual en sí mismo puede tener para la relación bisexual. Su historia demuestra también lo vulnerable que es la sexualidad o las emociones negativas, a la vergüenza por ejemplo. Paul era soltero y tenía treinta años. Vino a mi consulta porque no había salido ni una sola vez con una mujer en seis años y se resentía de su aislamiento creciente, que él mismo describía como una «capa protectora», utilizada para evitar el sentirse amenazado.

Su única experiencia de noviazgo databa de los primeros años de la veintena, cuando tuvo dos relaciones poco duraderas. Ambas habían terminado, según él, a causa de problemas sexuales. Me explicó que su miedo a que se repitiesen aquellos humillantes episodios le impedía incluso dirigirse a las mujeres. En ambas relaciones, descubrió que le resultaba imposible permitir que una mujer le tocase el pene. Para él, era algo más que un rechazo. Llegaba casi a la fobia.

Con la primera mujer, no sintió ansiedad hasta que se desnudaron y empezaron a hacer el amor. Dado que se trataba de su primera experiencia con el sexo, Paul esperaba sentir algún nerviosismo. Sin embargo, sólo supo que algo iba realmente mal cuando la ansiedad se remontó hasta las nubes al comenzar ella a acariciarle el pene. Fue incapaz de continuar. Se vistió y abandonó la habitación. La escena se repitió en las pocas ocasiones siguientes en que intentaron hacer el amor y, cosa muy natural, la mujer acabó por negarse a verle de nuevo.

Un año después, Paul conoció a otra mujer, con la que salió algún tiempo. Esta vez, la ansiedad surgió tan pronto como pensó en quedarse desnudo frente a ella. Pasaron varios meses, y la mujer empezó a hacerle insinuaciones sexuales. Dejó de llamarla. Seis años más tarde, se hallaba en mi despacho, sin haber vuelto a hablar con una mujer dentro de una relación social.

Paul negó que hubiese tenido ninguna experiencia sexual temprana fuera de lo corriente o particularmente negativa. Negó también que se hubiese masturbado alguna vez. Creía que su niñez había sido feliz y se había sentido querido durante ella. No sabía por qué le angustiaba la idea de que lo tocasen. Encontraba natural que los hombres y las mujeres deseasen acariciarse y pensaba que el sexo debía de ser algo maravilloso, no la monstruosidad que a él le parecía.

Juntos, exploramos en detalle su pasado, especialmente cualquier recuerdo que pudiera referirse a una experiencia temprana de masturbación. Negó repetidamente que hubiese tenido ninguna, ni negativa, ni positiva. Parecía recordar muy poco sobre cualquier posible contacto con la sexualidad. Dijo que había sido muy tímido durante los años de la adolescencia y que nunca había salido con una chica. Le propuse entonces la hipnosis para determinar si estaba bloqueando algún recuerdo. Aceptó.

La hipnosis es un estado muy profundo de relajación, durante el cual se ignoran los estímulos extraños y la mente se concentra intencionadamente en la tarea que está realizando. En este estado de relajación, el inconsciente se hace más asequible. Celebramos varias sesiones preparatorias, a fin de habituar a Paul al estado de relajación profunda y hacerle adquirir la convicción de que no perdería en ningún momento el control de sí mismo, un temor que asalta a la mayoría de la gente. Mientras se hallaba bajo hipnosis, le dije que visualizase su primera experiencia sexual con la mujer con la que salía ahora. Le pedí que se polarizase en su estado emocional exacto en ese momento y que se permitiese sentir la misma emoción. Le dije luego que retrocediese en el tiempo, antes de su experiencia con esa mujer, y recordase un momento anterior en que le hubiese invadido la misma emoción. Lo que se le vino a la cabeza sorprendió mucho a Paul.

Una imagen apareció como en un flash en su mente. Tenía entonces trece años, y un amigo vino a pasar la noche con él. Era ya tarde y estaban en su habitación. El amigo empezó a hablarle de «meneársela» y le preguntó si había probado alguna vez. Cuando Paul le contestó que no, el otro insistió para que lo hiciese y comenzó a demostrar sobre sí mismo cómo había que proceder. Paul intentó imitarle, pero sintió la amenazadora impresión de que aquello no estaba bien. Su amigo eyaculó, y Paul se sintió muy mortificado.

Después de la hipnosis, Paul y yo hablamos de su experiencia. Ahora podía recordar lo terrible que había sido. En aquella época, no comprendió por qué se sentía tan mal. Simplemente, las cosas eran así. Pero al fin era capaz de hablar del conflicto en que se había visto envuelto tiempo atrás. Había un sentimiento profundo de vergüenza y, a la vez, una gran excitación ante el placer de tocarse a sí mismo. Las dos emociones opuestas fueron demasiado para que las soportase. Y bloqueó el recuerdo en su memoria.

Aunque el acontecimiento quedó así fuera de su conciencia, supuso para él un rudo golpe. Cualquier posibilidad de que emergiese la sexualidad amenazaba con resucitar el conflicto. Sin darse cuenta de ello, tomó la decisión de evitar enfrentarse a él. En consecuencia, procuró no salir con chicas y no se arriesgó a adoptar un talante sexual frente a una pareja posible. Incluso evitó enfrentarse a su propia sexualidad, sin volver a intentar jamás la masturbación. Al llegar a los veinte años, su inteligencia le dijo que necesitaba ser más «normal». Procuró lograr una cita e incluso probó a hacer el amor. Pero tantos años de reprimir el conflicto provocaron una reacción explosiva. Tocarle el pene fue como pulsar el detonador de una carga de dinamita.

El caso de Paul es un ejemplo extremo de cómo puede desviarse un proceso normal. Si hubiera gozado de la experiencia normal, progresiva, de la masturbación y el descubrimiento de sí mismo, no se hubiera visto tan súbitamente en una situación abrumadora.

Recordando las estrategias para lograr el cambio a que me referí en el capítulo 1, lo que Paul necesitaba ahora era volver atrás y experimentar paso a paso el descubrimiento sexual. Lo mismo que un esquiador novato empieza en la pista de los principiantes, Paul tenía que empezar por aprender a acariciarse a sí mismo. Pero antes de iniciar esos toques, trabajamos con la visualización para reducir su ansiedad y disminuir su resistencia. Sus ensayos mentales le infundieron poco a poco confianza, permitiéndole afrontar según su ritmo natural el conflicto que estaba emergiendo a la superficie. El progreso fue lento, puesto que Paul había recibido una herida grave. Transcurrió un año antes de que pudiera entregarse sin problemas a la masturbación. Se necesitaron otros seis meses para que pidiese una cita a una chica. Hacia esa época, era ya un visualizador consumado y recurrió a la visualización para calmar la ansiedad de su primera experiencia sexual en pareja. Al repetirse las experiencias, la reacción fóbica de Paul desapareció paulatinamente, hasta que fue capaz de llevar una vida sexual normal.

Pocas son las personas que sufren un trauma como el de Paul. Sin embargo, a muchos de nosotros nos hicieron sentirnos culpables en lo que se refiere al autodescubrimiento sexual. De manera variada y en grados diversos, la culpabilidad nos impidió sentirnos completamente a gusto con nuestro cuerpo. Afortunadamente, nunca es demasiado tarde para modificar las cosas, gracias al descubrimiento de sí mismo y los muchos beneficios sexuales que se obtienen al practicar sin problemas la autoestimulación.

David aprovechó el hecho de sentirse cómodo con la masturbación para resolver su problema sexual con su pareja. Tenía cuarenta años cuando vino a verme por primera vez. Acudió en busca de una terapia poco después de haberse divorciado de su primera mujer, con la que había estado casado durante trece años. David, que carecía casi de experiencia sexual antes de su matrimonio, se había casado con una mujer también muy poco experimentada. Ambos se sentían inhibidos, y su vida sexual adolecía de falta de experimentación y de comunicación. Pronto parecieron perder el interés, y la frecuencia de sus encuentros descendió a cero. Dado que el matrimonio les planteaba además otros problemas, decidieron no hacer nada con respecto al sexo. Durante los cinco últimos años, vivieron en completo celibato.

Ahora David estaba soltero de nuevo y dispuesto a abandonar algunas de sus inhibiciones sexuales. Vino a mi consulta porque le costaba trabajo obtener erecciones con su amante actual. Le pregunté si ese mismo problema se le presentaba durante la masturbación. Sorprendentemente, me contestó, en un tono más bien orgulloso, que la masturbación siempre le había dado «resultado». Había empezado a masturbarse a los doce años y nunca dejó de hacerlo. Lo consideraba como algo natural y normal, más incluso que hacer el amor en pareja, cosa que le parecía bastante «complicada».

Hablamos sobre el modo en que David podía servirse de su hábito de autoestimulación para mejorar su actividad sexual en pareja. Le pregunté si se creía capaz de provocarse una erección mientras estaba en compañía de su amante. Nunca se le había ocurrido hacerlo porque siempre había pensado exclusivamente en la masturbación como un medio de tener un orgasmo sin necesidad de compañera. La idea le intrigó y decidió intentarlo. Cuando volvió a la semana siguiente, estaba verdaderamente eufórico. Todo había salido bien. Sabía que acababa de derribar algunas barreras importantes, y su confianza se hallaba definitivamente «en alza». Confiar en su «antigua muleta» le permitió concentrarse en las sensaciones y el placer, en lugar de vigilarse continuamente para ver si su pene empezaba a endurecerse. Al cabo de un mes, se sentía mucho mejor en lo que se refería a su comportamiento al hacer el amor con una mujer. La autoestimulación dejó de ser una necesidad para convertirse en una opción a la que acudir cuando le apeteciese.

La masturbación nos proporciona un método para apreciar y conocer el propio cuerpo y las sensaciones placenteras que éste procura. Conocer su propio cuerpo le permitirá ser el mejor amante que es capaz de ser. Si cree que conoce ya de él todo cuanto hay que conocer, piénselo un poco más. De lo contrario, se estancará como amante y nunca ampliará las dimensiones posibles de su yo sexual. La visualización siguiente le será útil para descubrir más cosas sobre su propio cuerpo.

El contador Geiger

Imagínese en una habitación íntima, acogedora, templada. Se siente relajado, seguro y agradablemente excitado por lo que le espera. Está desnudo, acostado sobre un edredón suave y tocando su cuerpo. Siente curiosidad por saber cómo reaccionará cada parte de él a sus toques. Su piel contiene millones de sensores diminutos que responden con una señal placentera cuando los tocan. Como en un contador Geiger, cuanto más fuerte sea la señal, mayor será el placer. Experimente con distintos toques y presiones en diversas partes de su cuerpo, observando las diferencias entre las señales de respuesta.

Sin la menor duda, será su área genital la que dé la señal más significativa. Al explorar las diferentes partes de sus genitales, obtiene señales que le revelan cuál de ellas reacciona mejor a un tipo de toques determinado. Cuando encuentre la zona de los mismos que le proporcione la señal más placentera y más fuerte, aumente la velocidad de sus toques hasta que consiga el crescendo del placer.

Quizá la parte más descuidada de la masturbación autoexploratoria sea su componente sustentador. Todos tendemos a precipitar la mayoría de las cosas de la vida, y lo mismo sucede con la autoestimulación. Casi siempre, masturbarse es sólo un modo rápido y fácil de lograr el orgasmo. Si nos concediésemos el tiempo suficiente y centrásemos nuestros pensamientos y energías en los placeres sensuales que suscitamos al acariciarnos, descubriríamos que la masturbación autoexploratoria es extremadamente sustentadora.

Susan descubrió la masturbación del mismo modo que un gran número de las clientas que he tenido en el transcurso de los años, totalmente por azar, cuando era todavía una niña. Echada boca abajo con una almohada entre las piernas, movió el cuerpo de tal forma que obtuvo un orgasmo. Desde entonces, se masturbó siempre por el mismo sistema, incluso cuando llegó a la edad adulta. Era rápido, eficaz y seguro. Normalmente, lo hacía por la noche, antes de dormirse.

Susan vino a mi consulta porque tenía problemas con la lubricación durante los preliminares del acto amoroso. La penetración se hacía muy difícil, incluso imposible, sin una lubricación adicional. Odiaba tener que recurrir a esa lubricación artificial y lo juzgaba como un fracaso. Este problema la perturbaba en gran medida hasta el punto de obligarla a reducir los encuentros con su pareja para evitar su desasosiego.

Describía lo que experimentaba en el área genital cuando un hombre empezaba a tocarla como una sensación de «anestesia». Es decir, no notaba nada. No es que le hiciese daño, pero tampoco despertaba nada particularmente agradable. En la mayoría de los casos, que un hombre le tocase los genitales le parecía más bien un fastidio.

Cuando la interrogué por primera vez sobre la masturbación, me dijo que nunca se había entregado a ella. Varias sesiones más tarde, me confesó que no había dicho la verdad porque le avergonzaba el hecho de masturbarse y la manera en que lo hacía. A continuación, me contó todo lo relativo a su costumbre de utilizar una almohada. Hablamos sobre la posibilidad de que probase otros métodos, pero no se imaginaba siquiera tocándose los genitales con las manos.

Lo que Susan necesitaba era mostrarse más amante sexualmente consigo misma, a fin de ser capaz de permitir que otra persona la amase también. Después de varias sesiones dedicadas a explorar este concepto, aceptó intentar una visualización en la que se imaginase a sí misma durante una autoestimulación sustentadora. Gradualmente, empezó a practicar la masturbación manual, que fue lenta, exploratoria y sustentadora. Comenzó a alternar el método de la almohada con el de la mano, procurando así a su sexualidad una opción adicional.

Al dedicar más tiempo a sustentarse a sí misma, empezó a sentirse más abierta a la idea de salir de nuevo con hombres. Ya en su primera aventura sexual, se dio cuenta de que no se ponía tanto a la defensiva cuando intentaban tocarla. Por primera vez en su vida, permitió que otra persona le procurara placer genital. Continuó saliendo con ese hombre, y su problema de lubricación desapareció. Lo mismo ocurrió con su vida de soltera. Un año más tarde, se casó con él.

He aquí una visualización que le ayudará a amar y sustentar su yo sexual.

La obra maestra

Imagine que su cuerpo es una escultura rara y extraordinariamente valiosa. Usted, que colecciona las obras de arte, examina a fondo esta obra maestra. Está emocionado al pensar que le es posible posar las manos sobre esta composición realmente maravillosa. Acaricia cada una de sus partes con suavidad, con amor, feliz por tener la oportunidad de verse en íntimo contacto con el verdadero genio. Explora sus curvas, sus declives y el conjunto de su forma, pasmado ante su belleza natural. Se deleita con sus variadas texturas y sabe que esta obra de arte es el fruto de una verdadera inspiración. La región genital está diseñada en su forma más creativa. Explota usted esta parte de la escultura con una im-

presión de intenso deslumbramiento ante el genio de la naturaleza. Se siente verdaderamente privilegiado por tener la oportunidad de una experiencia táctil con una obra maestra de tal especie.

La actividad sexual en solitario y la actividad sexual en pareja

Hemos visto ya algunos ejemplos de la importancia de la masturbación para suscitar buenos sentimientos sexuales sobre uno mismo y del modo en que esto puede influir benéficamente sobre la actividad sexual en pareja. Sin embargo, no habíamos mencionado todavía el hecho de que la masturbación en *presencia* del compañero puede enriquecer también la vida sexual.

En mi práctica de la terapia sexual, pido con frecuencia a las parejas que piensen en intentar la masturbación mutua como sistema para derribar las barreras de la incomodidad, la vergüenza y la culpabilidad. Y prueba del gran poder de los tabúes, la mayoría de ellas se muestran extremadamente reacias incluso a considerar la idea de intentarlo. Las pocas parejas que se atreven a desafiar los tabúes hablan de una experiencia muy diferente a lo que habían anticipado. Al principio, sienten alguna vacilación, pero una vez pasado el desasosiego inicial, afirman que les ayuda a que cada uno de ellos se sienta plenamente aceptado por el otro, que les acerca más mutuamente y que les inspira un sentimiento de seguridad. En lugar de encontrarse ridículos, como habían pensado, terminan gozando de una intimidad de un nuevo tipo.

Compartir la experiencia de quebrantar las «reglas» tiende a acercarles más el uno al otro. Recuerde cuando era niño y, en compañía de un amigo, hacían algo que se suponía que no debían hacer. Cierto que el temor a ser descubiertos les causaba ansiedad, pero seguían adelante. Quizá se tratase de algo tan «terrible» como llamar por teléfono para gastar una broma o escribir notitas furtivas a la niña o el niño que les gustaba. Durante días, se lanzaban miradas crípticas que excluían intencionadamente a los demás, lo que aumentaba más aún su connivencia. En aquellos días, en eso consistía la experiencia suprema de la intimidad. El hecho de ser cómplices de un «crimen» actuaba como un lazo que les ataba el uno al otro. Romper el tabú de la masturbación mutua tiene el mismo efecto. Ata el uno al otro a los dos miembros de la pareja.

Los resultados de esta vinculación son globales. El desasosiego, la vergüenza y la culpabilidad suscitados por la sexualidad en general, no sólo por la masturbación, disminuyen. Los pensamientos, los deseos y los actos sexuales dejan de parecernos un secreto que es necesario ocultar. Nos sentimos más cómodos con nuestra pareja y más libres de experimentar en áreas que anteriormente rechazábamos. Esta sensación de libertad añade una dimensión de aventura a nuestra sexualidad, contribuyendo a contrarrestar la falta de interés, que conduce de modo inevitable al aburrimiento.

Entendámonos bien, masturbarse en presencia del compañero no es un requisito para una vida sexual satisfactoria. Muchas parejas pasan la vida entera juntos sin ella y nunca la echan de menos. No obstante, lo mismo que la fastuosa puesta de sol a la que antes me referí, procura a nuestra vida una dimensión intangible, algo superior y más allá de lo ordinario. Lo mismo también que la puesta de sol, está a nuestra disposición y no cuesta un céntimo. Sólo tenemos que desearlo para acudir a ella.

Veamos ahora una visualización que le ayudará a aceptar con mayor facilidad la idea de masturbarse en presencia de su compañero.

La pared invisible

Imagínese desnudo, echado junto a su amante. Está muy excitado y deseoso de hacer el amor. Tiende las manos hacia su pareja, pero descubre que una pared invisible se interpone entre ambos. Puede ver a su amante y su amante puede verle, pero les es imposible tocarse. Continúan intentándolo, pero cada intento se salda con una frustración reiterada. Por fin, abandona la esperanza de tocar a su amante y empieza a autoestimularse. Se concentra sólo en sí mismo, bloqueando todo estímulo procedente del exterior. Su concentración es tan intensa que se siente libre y sin inhibiciones. Toda autoconciencia se desvanece, y su cuerpo reacciona con un placer creciente a su toque, culminando por fin en un orgasmo. Al recuperar poco a poco la conciencia de lo que le rodea, su amante entra de nuevo en su foco de atención. Instintivamente, vuelve a tender las manos en su dirección. La pared invisible ha desaparecido, y su amante le envuelve en un abrazo cálido, acogedor. Usted se siente amado, necesitado y aceptado totalmente.

La masturbación durante el coito

Combinar la masturbación con el coito es sin duda uno de los métodos más eficaces para elevar la excitación hasta el punto del orgasmo. Sin embargo, al igual que nos ocurre con la masturbación en presencia de nuestra pareja, muchos de nosotros tenemos enraizada profundamente la resistencia a esta idea. Tendemos a juzgarlo como un fracaso por nuestra parte, al no lograr el orgasmo por el camino «normal». Nos preocupa también que nuestra pareja pueda encontrarlo insultante. La creencia en que nuestra pareja se creerá fracasada si no consigue provocar en nosotros el orgasmo es muy fuerte. Y no cabe duda de que algunos se considerarán tristes amantes si su pareja acude a la masturbación. Sin embargo, las encuestas demuestran que sólo una pequeña minoría alberga esta idea. La mayoría lo vemos como un gesto excitador de nuestro compañero para estimularnos a ambos durante el coito.

El simple coito no proporciona siempre la estimulación necesaria para llegar al orgasmo. Las mujeres sobre todo afirman que la estimulación adicional del clítoris o de los pechos durante el coito da a sus sensaciones la intensidad precisa para conducirlas al orgasmo. También muchos hombres confiesan que la estimulación de los testículos o las tetillas durante el coito aumenta su excitación hasta el nivel necesario para que se produzca el orgasmo. Buscar su sistema particular para obtener la máxima excitación es el mejor camino para una actividad sexual satisfactoria. La masturbación durante el coito puede ayudarle a aumentar su excitación. Vale la pena probar.

Utilice la visualización siguiente para sentirse más a gusto con el uso de la masturbación durante el coito.

El susurrador

Imagine que usted y su pareja se hallan en pleno acto sexual. Se siente muy excitado, pero quiere experimentar mayor placer aún. Empieza entonces a estimular con la mano en un punto y de una forma de los que sabe que incrementarán su placer hasta un grado todavía más alto. Su pareja le susurra al oído palabras de aliento, diciéndole lo excitante que le resulta verle darse placer a sí mismo. Esto le excita todavía más. Continúa estimulándose, y el placer aumenta cada vez más, hasta que la tensión se descarga en un orgasmo.

¿Está usted dispuesto a penetrar en el mundo de la fantasía sexual del cerebro derecho?

Este libro se basa en la premisa de que las imágenes creadas por la imaginación influyen poderosamente sobre nuestro comportamiento. No hay nada que ilustre mejor lo que acabo de decir que el uso de la fantasía sexual. Supongo que recordará haber leído en el capítulo 1 que la fantasía sexual se distingue de la visualización. La fantasía sexual incluye imágenes que son eróticas y que se proponen despertar el deseo sexual y provocar un cambio en la reacción fisiológica del sujeto. Por el contrario, la visualización va encaminada hacia una meta distinta al despertar sexual, aunque esa meta sea también sexual; ejemplos: mostrarse más relajado al hacer el amor, aceptar mejor la masturbación o sentirse menos inhibido.

La fantasía erótica tiene un poder espectacular para hacernos cambiar de humor. Aunque estemos pensando en nuestras tareas cotidianas, si nuestros pensamientos se desvían hacia imágenes eróticas nos excitamos fácilmente en cuestión de unos segundos. La simple lectura de una escena erótica en una revista o un libro conjura en nuestra mente imágenes que despiertan en el acto el deseo. Podemos obtener el mismo efecto cerrando simplemente los ojos y dejando que nuestra imaginación cree un cuadro erótico. Los investigadores en sexología han documentado bien la fuerza de la fantasía para ahuyentar los pensamientos que distraen. De hecho, hay personas que llegan al orgasmo gracias exclusivamente a la fantasía, aunque esta reacción no se obtiene sin una práctica repetida.

Es muy corriente entregarse a fantasías sexuales durante la masturbación. Las fantasías constituyen un medio excelente para dejar atrás el asexuado mundo del cerebro izquierdo. Con la práctica, las fantasías eróticas pueden alejarnos inmediatamente de las actividades rutinarias y situarnos en lugares exóticos, excitantes. La combinación de la fantasía sexual con la masturbación agudiza los sentidos de un modo que nos hace más capaces de concentrarnos y, por lo tanto, de excitarnos más fácilmente. Dado que, en este caso, la fantasía se concentra en el erotismo, se alcanza con mayor rapidez el orgasmo.

Las fantasías sexuales se presentan en una gran variedad de formas, desde las románticas hasta las muy explícitas. No debe temer que sus fantasías sean peligrosas o malas. La fantasía sexual no le inducirá a actuar en discordancia con su conciencia. Por ejemplo, el hecho de que fantasee haciendo el amor con múltiples amantes no significa que vaya a poner nunca en práctica esa fantasía. Y el tener fantasías sexuales en que interviene una persona que no es su pareja no supone ninguna infidelidad con respecto a ésta.

La fantasía sexual es un camino deleitoso para incrementar la capacidad de excitarse. Las imágenes eróticas estimularán su cerebro derecho, ayudándole a relajarse y a disfrutar del placer. Si nunca ha recurrido antes a las fantasías sexuales, pero quiere hacerlo, las visualizaciones dirigidas le ayudarán a vencer toda resistencia con la que pudiera tropezar. Utilice la visualización siguiente para habituarse a la fantasía sexual.

La simulación

Imagine que está leyendo una revista o un periódico. Acaba de leer el mismo párrafo dos veces y se da cuenta de que no se concentra. Deja a un lado la revista o el periódico y cierra los ojos. Le vienen entonces a la cabeza imágenes eróticas. Al recrearse con esas imágenes durante algún tiempo, empieza a sentirse excitado. Resulta agradable saber que se puede prolongar el placer. Está empleando ahora la imaginación para suscitar el placer. Saber que unas imágenes que no son reales son capaces de hacerle sentirse tan bien no le causa ningún desasosiego. Continúa experimentando con ellas y descubre que algunas le excitan más que otras. Esa excitación le parece segura, ya que su mente conserva el control, por lo que decide dejar que las imágenes sigan fluyendo.

La entrada en el mundo del cerebro derecho

Durante la masturbación, se nos ofrece la oportunidad de dejar atrás las presiones de nuestro mundo cotidiano y refugiarnos en una «deformación del tiempo», una atmósfera plena de elementos sustentadores, sensualidad y placer. En cierto sentido, la masturbación no es más que otra actividad del cerebro derecho, como el oír música o disfrutar del sabor de un plato escogido. Si nos concedemos el tiempo preciso para saborear toda la experiencia, quedaremos saciados. Es una diferencia semejante a la que existe entre cenar placenteramente en un buen restaurante, en un ambiente agradable y con un servicio esmerado, y tragarse atropelladamente un bocadillo sin dejar de correr. En ambos casos comemos, pero en el primero obtenemos algo más que el simple alimento. También nos sustentamos.

Agotados, a veces exhaustos a causa de la continua entrega de nosotros mismos en el trabajo, la paternidad, la pareja y la amistad, necesitamos renovarnos. Las actividades del cerebro derecho llenan nuestras copas vacías. Lo maravilloso del cerebro derecho es que nos permite participar íntimamente en esas actividades. Con la música, intimamos en nuestro sentido del oído; con la cena, con nuestro sentido del gusto, y con la masturbación, podemos intimar con todos nuestros sentidos. No hay muchas cosas en la vida que ofrezcan una oportunidad semejante, con tanta oportunidad y sin ningún costo.

No quiero decir con esto que un orgasmo rápido no sea ocasionalmente restaurador. Más vale, sin embargo, asegurarnos de que contamos con otras alternativas. Con la masturbación sustentadora y sensual, continuamos definiéndonos como personas sexuales. Con la masturbación orientada exclusivamente al placer, tenemos orgasmos fáciles. En la actividad sexual en pareja, compartimos con seguridad nuestra autoexploración y nuestros orgasmos con otra persona. La combinación de estas tres modalidades conduce a la sexualidad más satisfactoria a largo plazo.

5. El papel de la lascivia en la vida sexual

Pasión, urgencia, placer..., éste es el combustible que comunica energía al amor sexual

El poema que incluyo a continuación me gusta sobremanera porque contiene todos los elementos del deseo, dependientes del cerebro derecho: la pasión, la risa, la urgencia, el placer, el erotismo y la libertad.

Me gusta la forma en que pronuncias mi nombre,
Me gusta la forma en que tu pasión atiza la mía,
Me gusta la forma en que te ríes,
La forma en que tu cuerpo toca el mío.
Nuestra sangre circula con la misma urgencia,
Con la misma hambre de placer.
Nuestras mentes danzan en la noche
Con el mismo erótico latido.
Es bueno conocerte, ahora,
Ahora que nos hemos convertido
En nuestras almas libres.*

Sólo ahondando en el cerebro derecho podemos experimentar el verdadero deseo. Cuando el deseo se combina con el contacto íntimo con otro ser humano, tenemos lo que yo llamo el amor sexual, es decir, aquello a lo que uno se refiere en realidad al hablar del «sexo con mayúscula».

La lascivia** es el combustible que comunica energía al instinto sexual. El mejor encuentro sexual entre dos personas está ple-

---

* Chereb, David M., *Night Dreams*, p. 9.
** La autora emplea la palabra lascivia sin ninguna connotación moral, como sinónimo de gran apetito sexual. (*N. del T.*)

no de lascivia. La actividad sexual lasciva, o amor sexual, permite la aceptación de los deseos y los placeres humanos. Es un amor que respeta al otro y se refiere a él, con lo cual no necesita censores. La lascivia sana no causa ningún daño y, por lo tanto, no hay motivo para restringirla.

Lo que hace la actividad sexual lasciva realmente grande es el modo circular en que nos permitimos perder nuestras inhibiciones. Cuanto mejor aceptamos las sensaciones lascivas, más libres nos sentimos para entregarnos al otro. Y al entregarnos con abandono, nuestra pareja se siente más libre de hacer lo mismo. En esas circunstancias, la pasión se eleva como una espiral, siguiendo una curva ascendente hacia una oleada de placer. Tal es el plan magistral que la naturaleza ha trazado para el amor sexual.

Desgraciadamente, las imágenes del amor lascivo nos hacen pensar casi siempre en el tipo de escenas sexuales que se pintan en las novelas baratas o se ven en las películas pornográficas, lo que no es de ningún modo el amor sexual, sino la actividad sexual egoísta, sin entrega mutua y reducida a los genitales. Esos modelos son raras veces ejemplo de la lascivia sana, ya que en ellos se da muy poca entrega entre los miembros de la pareja y no se comparte el placer. Si las imágenes que se le ocurren cuando piensa en la lascivia son de ese tipo, este capítulo le ayudará a borrar lo escrito en su encerado y a reemplazarlo por imágenes nuevas.

La satisfacción sexual y la lascivia sana

Sentirse de acuerdo con la propia lascivia es uno de los ingredientes clave en que se diferencia la actividad sexual satisfactoria a largo plazo y la insatisfacción en este aspecto. Los estudios realizados sobre parejas que han tenido una vida sexual activa y satisfactoria durante muchos años demuestran que se da entre ellos un elemento común y muy importante. En igualdad de condiciones, lo que esas parejas hacen y las otras no consiste en valorar el placer sexual. Aceptan sin hacerse problema su deseo, sus instintos y su pasión, es decir, todo cuanto hace surgir esa emoción que se conoce con el nombre de lascivia, o apetito sexual intenso. Dado que su lascivia no va acompañada por ningún bagaje emocional negativo, se sienten libres de honrar y celebrar sus necesidades sexuales. Al actuar así, el amor sexual se convierte para ellos en una prioridad, por lo que reservan el tiempo necesario para satisfacer su lascivia.

La incompatibilidad entre el sentimiento de culpabilidad y la lascivia

Es difícil estudiar científicamente las emociones, debido a que son engañosas y resbaladizas. Dado que emanan del cerebro, campo en que la ciencia se halla todavía en mantillas, no resulta fácil documentar en detalle el modo en que operan. Sin embargo, hay algunas pruebas científicas tempranas que confirman la incompatibilidad entre emociones opuestas.

La mayoría de las emociones se originan en el hipotálamo, localizado en la base cerebral. Una de las principales funciones del hipotálamo consiste en actuar como un regulador, encargado de que nuestro cuerpo conserve el equilibrio homeostático. El hipotálamo coordina las acciones opuestas de los sistemas nerviosos parasimpático y simpático. Más familiar nos es la idea de que se comporta como un regulador térmico. Si tenemos frío, los latidos del corazón se aceleran y los vasos sanguíneos se contraen, a fin de restablecer la temperatura corporal normal.

El hipotálamo funciona con un movimiento de vaivén. Mantiene el uno o el otro sistema. Por ejemplo, no podemos tener mucho frío y mucho calor al mismo tiempo. Al parecer, el hipotálamo regula del mismo modo las emociones opuestas. No podemos amar y odiar exactamente en el mismo instante. No podemos sentir lascivia y al mismo tiempo culpabilidad. La culpabilidad, en su sentido biológico, no en el moral, es una emoción insana, ya que provoca la reacción del sistema nervioso simpático al miedo. Con ello bloquea la reacción del parasimpático a la lascivia.

Este bloqueo se traduce fisiológicamente por una restricción del riego sanguíneo en las extremidades. Ahora bien, el despertar sexual requiere la dilatación de los vasos sanguíneos y, por consiguiente, no puede coexistir con ninguna emoción que desencadene el miedo. La culpabilidad, la vergüenza, el resentimiento, la cólera y la desconfianza son todas ellas emociones que tienden a provocar en el cuerpo la reacción al miedo.

Nos es difícil comprender cómo ocurren las cosas simplemente porque no somos conscientes de nuestras modificaciones fisiológicas durante el miedo emocional. Por ejemplo, no experimentamos el miedo del mismo modo si tenemos que hablar en público que si alguien nos apunta a la cabeza con una pistola. La culpabilidad y la vergüenza moran sobre todo en la mente inconsciente. Aun así, ejercen una gran influencia sobre los mecanismos de la regulación homeostática. Para despertar la lascivia, hay que purgar primero la culpabilidad.

¿Forma usted parte de una pareja lasciva?

Veamos ahora una lista de comportamientos usuales entre una pareja lasciva y que se dan raras veces entre las parejas de escaso apetito sexual. Pregúntese, sin hacer trampa, cuáles de esos comportamientos se repiten con cierta frecuencia en su vida. Si su puntuación es inferior al 50 %, comprenderá mejor por qué está insatisfecho de su vida sexual.

Las parejas con gran apetito sexual:

- Se quedan intencionadamente en la cama por la mañana, ya sea en un día laborable o durante el fin de semana.

- Ven menos la televisión, prefiriendo retozar en la cama.

- Dejan que espere el lavado de la ropa, en lugar de contener su lascivia.

- Se muestran alegres y nada inhibidos en cuanto a sus deseos sexuales.

- Se resienten poco de las negativas cuando uno de ellos no está de humor, ya que saben que no pasarán semanas o meses antes de que se les ofrezca otra oportunidad.

- Valoran demasiado la actividad sexual para convertir sus encuentros en un campo de batalla en que dilucidar otros motivos de desacuerdo.

- Reconocen la necesidad de un tiempo de transición y, por lo tanto, abandonan sus ocupaciones para crear una atmósfera romántica, con música, velas, masajes o cenas especiales.

- Se provocan el uno al otro con insinuaciones, a fin de conservar vivo el deseo.

- Se inclinan más a la experimentación y están deseosos de intentar comportamientos nuevos.

- Es más probable que se masturben el uno ante el otro.

- Disfrutan compartiendo fantasías sexuales y charlas eróticas.

- Son más flexibles en las condiciones que imponen para sus encuentros, por ejemplo, hora del día, lugar, reglas de higiene, etc.

- Se comunican mutuamente sus preferencias.

• No les avergüenza que sus hijos conozcan sus necesidades sexuales.

• Se retiran a su habitación, cierran la puerta y dicen a los niños que quieren gozar de tiempo libre para estar solos.

El desarrollo de la lascivia: Sométase a un test y descubra su cociente de lascivia

¿Cómo se «vuelve» uno lascivo? ¿Nacemos con este apetito o nos «viene» en un momento determinado de la vida? En la práctica, la lascivia del adulto *evoluciona* siguiendo un proceso que comienza en la concepción y termina sólo con la muerte. Todos disponemos del potencial preciso para desarrollarla, pero son las circunstancias de la vida las que determinan si aprovecharemos todo ese potencial al llegar a la edad adulta. Para comprender bien dicho proceso, dedique un momento a hacer la visualización siguiente.

La floración de la lascivia

Imagine su lascivia como una semilla delicada que ha sido plantada en el suelo fructuoso de su cerebro. La semilla está empezando a echar unas raíces diminutas. Después, comienza a germinar y emergen algunas hojas minúsculas, frágiles. Su pequeña planta recibe cuidados amorosos. Usted la riega, le habla y le expone a la luz del sol justo el tiempo adecuado. Poco a poco, va creciendo. Las raíces se afianzan y aparecen nuevas hojas. Pronto la planta se desarrolla por completo, con muchas hojas y el esbozo de un capullo. Fíjese en el capullo, cómo empieza a abrirse lentamente. Es hermoso ver cómo se despliega y va tomando forma. Presenta un colorido y una textura encantadores, y su aroma es delicioso. Hasta que se convierte en una flor magnífica, que causa placer con su sola presencia.

La «semilla» de la lascivia ha sido implantada en todos nosotros en el momento de la concepción. Que se desarrolle hasta transformarse en una flor abierta, plena de vida, depende de los cuidados que le prestemos en la juventud. Exactamente igual que ocurre con una flor, el desarrollo de la lascivia es un proceso diario. Los mensajes que recibimos de nuestra interacción con nosotros mismos y con los demás actúan como nutrientes para nuestra flor de la lascivia o como esfoliantes que la matan.

Los diversos pasos en el desarrollo de la lascivia

El crecimiento de la semilla de la lascivia se inicia en el útero, donde la programación genética provoca la descarga de hormonas masculinas o femeninas en momentos determinados de la gestación. Se desconoce por el momento la contribución de las hormonas fetales al desarrollo del apetito sexual en la edad adulta. Sin embargo, no cabe duda de que esas hormonas afectan al deseo y el funcionamiento sexual posteriores. Se están realizando investigaciones en ese campo y es muy probable que dispongamos de información más específica antes de finales de siglo.

Hasta los tres años de edad, el desarrollo de la lascivia depende principalmente de la sensualidad y de la intimidad. El contacto humano es el maestro del lactante y del niño pequeño. Hace las veces del primer nutriente que permite a la semilla echar raíces. El contacto confortador, tranquilizante y sustentador infunde en el niño la idea de que hallarse próximo a otro ser humano no sólo es seguro, sino deseable. Al contrario, un contacto vacilante, ambivalente, ansioso u hostil introduce un sentimiento de inseguridad. Esta información acerca de la naturaleza del contacto queda almacenada en la memoria infantil y será recuperada más tarde, cuando llegue el momento de iniciar la actividad sexual en pareja.

En un momento indeterminado alrededor de los tres años, el niño empieza a familiarizarse con las maravillosas sensaciones causadas por la exploración de sus genitales. La autoexploración y la curiosidad «riegan» la semilla y mantienen vivas las raíces. Surgen con frecuencia las preguntas acerca de los genitales de los padres, especialmente en lo que se refiere al del sexo opuesto. Es también la edad en que comienza el juego sexual exploratorio con sus iguales. «Yo te enseño el mío y tú me enseñas el tuyo» es una frase corriente. La curiosidad constituye el motor principal de esos experimentos. Durante esta fase, el niño desarrolla sus sentimientos, positivos o negativos, sobre las sensaciones genitales. Dicha fase termina normalmente hacia los seis o siete años, cuando la conciencia de sí mismo y de los tabúes sociales se interponen como inhibidores.

Los cinco años siguientes parecen ser relativamente tranquilos desde el punto de vista del desarrollo sexual. Sigmund Freud les llama los años latentes. Recientemente, sin embargo, los sexólogos han descubierto que esos años son cualquier cosa menos latentes. Durante ellos, se absorben calladamente muchos conocimientos. Se formulan entonces conclusiones y suposiciones acerca de la sexualidad, a medida que el niño capta y asimila los diversos mensajes que la cultura le transmite. Y aunque la mayoría del aprendizaje está penetrando en el interior de la mente infantil, da la impresión de que el niño se desinteresa totalmente de las cuestiones sexuales.

Este estadio no tan latente del desarrollo sexual es verdaderamente crucial para el comportamiento futuro del adulto. Si los mensajes que se absorben son positivos, el panorama futuro se presenta bien en cuanto a una sexualidad sana. Una vez que la adolescencia hace su aparición en escena, la sexualidad reaparece de nuevo. Las hormonas tienen mucho que ver en ello y, a menudo, se imponen simplemente a todo tabú de origen social. Predomina entonces un interés obvio por la propia apariencia y por las personas de la misma edad y del sexo opuesto. Es una época de confusión para los adolescentes. Las características secundarias que acompañan a la pubertad hacen que el individuo tenga una conciencia exagerada de sí mismo. Las hormonas le agitan furiosamente, suscitando toda clase de sensaciones, nuevas y excitantes. El interés por el sexo opuesto acaba por convertirse en una preocupación.

Los años de la adolescencia son el momento adecuado para que los chicos rieguen su planta. Idealmente, sólo un poco cada vez. Se trata de la época crucial en que la flor de la lascivia «echa raíces». Pequeñas dosis de exposición a la sexualidad, a través de la masturbación, los besos y las caricias previas al coito, permiten al adolescente irse acomodando lentamente a las intensas sensaciones que generan la excitación sexual.

Sin las hormonas de la adolescencia y la primera juventud, el apetito sexual del adulto se fija en un nivel más estable de la mente, lo cual no significa que haya de quedarse estancado. La lascivia del adulto se mantiene viva y saludable si continúa nutriéndola. Para conservar las flores del jardín en vida, se precisa arrancar constantemente las malas hierbas. Como indicamos al referirnos a las parejas que gozan de una vida sexual satisfactoria a largo término, el apetito del adulto necesita atención. Necesita ser mimado, fomentado con palabras y tratado con un cuidado especial. Como sucede con todo en la vida, si uno se ocupa de su lascivia, ésta se mantendrá en buena forma y le proporcionará muchas alegrías.

El desarrollo de la lascivia

Vuelva atrás en el tiempo, recuerde su propia experiencia y plantéese las preguntas que expongo a continuación. Después de formularse cada cuestión, espere a que se le venga a la cabeza una imagen al respecto. Ponga una marca en la casilla correspondiente de la columna P cuando la imagen sea positiva, en la columna N cuando la imagen sea negativa, y en la columna NR si la pregunta no hace surgir en su mente ningún recuerdo.

Contacto, del nacimiento a los tres años

P N NR
☐ ☐ ☐ ¿Qué mensajes recibí de mi familia en lo que se refiere al contacto?

☐ ☐ ☐ ¿En qué medida se prodigaba en ella el contacto físico?

☐ ☐ ☐ ¿Era una familia sustentadora y cariñosa?

☐ ☐ ☐ ¿Tuve algún contacto sexual temprano con un hermano, un pariente o un adulto?

☐ ☐ ☐ ¿En qué medida me siento cómodo cuando se trata del contacto íntimo?

☐ ☐ ☐ ¿Me siento solamente cómodo en ciertas circunstancias? ¿Con determinadas personas?

Masturbación, de los tres a los seis años

P N NR

☐ ☐ ☐ ¿Qué mensajes recibí de mi familia o de mi religión con respecto a la masturbación?

☐ ☐ ☐ ¿Me descubrieron alguna vez masturbándome?

☐ ☐ ☐ ¿Cuáles son mis sentimientos actuales sobre la autoestimulación?

☐ ☐ ☐ ¿Me creo con derecho a disfrutar de la autoestimulación a solas o en presencia de mi pareja?

☐ ☐ ☐ ¿Me enfrenté alguna vez en la infancia con la masturbación de un adulto y qué impacto me causó?

Juegos sexuales exploratorios, de los tres a los seis años

P N NR

☐ ☐ ☐ ¿Cuál era la actitud general en mi casa en cuanto a la desnudez?

☐ ☐ ☐ ¿A qué tipo de exploración sexual me entregué con los niños de mi edad?

☐ ☐ ☐ ¿Qué aprendí acerca de mí mismo durante esta exploración?

☐ ☐ ☐ ¿Me preparé en alguna forma para la actividad sexual adulta en pareja?

☐ ☐ ☐ ¿Me descubrieron alguna vez durante mis juegos sexuales con los niños de mi edad?

☐ ☐ ☐ ¿Hubo algunos mensajes religiosos específicos que influyeran en mi forma de pensar sobre el tema?

Conciencia cognoscitiva, de los siete a los doce años

P N NR

☐ ☐ ☐ ¿Qué conversaciones sobre el sexo tuve en el seno de mi familia?

☐ ☐ ☐ ¿Qué se me dijo sobre el sexo desde el punto de vista religioso?

☐ ☐ ☐ ¿Qué conversaciones sobre el sexo tuve con los compañeros de mi edad?

☐ ☐ ☐ ¿Leí libros o revistas o vi películas o emisiones de televisión que influyeron en mi manera de pensar sobre el sexo?

☐ ☐ ☐ ¿Sorprendí algún contacto sexual entre mis padres u otros adultos que influyó en mi actitud frente al sexo?

☐ ☐ ☐ ¿Hubo algunas lecciones de educación sexual en la escuela que afectaron mis nociones al respecto?

☐ ☐ ☐ ¿Tuve alguna experiencia sexual particular con adultos?

☐ ☐ ☐ ¿Tuve alguna experiencia sexual particular con un hermano?

Adolescencia, de los trece a los veinte años

P N NR
☐ ☐ ☐ ¿Hasta qué punto me preocupó el desarrollo de las características sexuales secundarias, como el cambio de voz, el abultamiento de los pechos, el vello púbico, los cambios en los genitales, etc.?

☐ ☐ ☐ ¿Cuál era la actitud general de mi familia frente al sexo?

☐ ☐ ☐ ¿Me prepararon para la menstruación? ¿Cómo fue esa experiencia?

☐ ☐ ☐ ¿Me prepararon para las eyaculaciones nocturnas? ¿Cómo fue esa experiencia?

☐ ☐ ☐ ¿Tuve algunas experiencias de caricias sexuales? ¿Cómo me afectaron?

☐ ☐ ☐ ¿Cómo experimenté por primera vez la intensa

sensación de la excitación sexual? ¿Cómo me enfrenté a esas sensaciones?

☐ ☐ ☐ ¿Cuál fue mi experiencia de la masturbación durante esta época?

☐ ☐ ☐ ¿Me preocupaba la posibilidad de un embarazo?

☐ ☐ ☐ ¿Qué me pareció mi primera experiencia del coito? (A cualquier edad.)

☐ ☐ ☐ ¿Tuve algunas experiencias sexuales particulares que influyeron fuertemente en mis sentimientos acerca del sexo?

☐ ☐ ☐ ¿Me vi forzado contra mi voluntad a participar en alguna experiencia sexual? (Aquí se incluye cualquier experiencia que implique el sexo, no sólo el coito.)

Empiece ahora por totalizar sus respuestas positivas y negativas. Esto le dará una visión global de los mensajes que recibió y las sensaciones que tuvo durante su desarrollo. ¿Se inclinan más hacia el lado positivo o hacia el negativo? ¿Están bien niveladas?

A la mayoría de nosotros nunca se nos ha ocurrido pensar en la relación existente entre el desarrollo de la lascivia y nuestra satisfacción sexual actual. Esta correlación suele ser muy estrecha. Cuanto más negativas sean nuestras experiencias, más probable es que no nos sintamos satisfechos de nuestra sexualidad al llegar a la edad adulta. La falta de satisfacción puede expresarse en una disfunción determinada, como la dificultad para llegar al orgasmo o problemas de erección, o expresarse de modo más general, a través de la falta de deseo de la actitud opuesta, la compulsión sexual y la pluralidad de compañeros.

Al contrario, cuanto más positivas sean nuestras experiencias, más probable es que seamos capaces de disfrutar y de dar, logrando el equilibrio adecuado en nuestra vida. Se debe a que, cuanto más libre de conflictos se vea nuestra sexualidad, más natural y normal será a nuestros ojos. La normalidad nos permite situarla en su verdadera perspectiva.

Si sus experiencias positivas y negativas están equilibradas, probablemente se mostrará neutral con respecto al sexo. En esa situación, se dejará sin duda influir fácilmente por su compañero o compañeros. Cuando se halle en conexión con una persona «positiva», sin duda alguna se inclinará en esa dirección. O viceversa.

Si en el total de sus respuestas se incluyen algunos «no recuerdo», posiblemente tiene usted un motivo para bloquear en su mente recuerdos de ese tipo. Piense en su satisfacción sexual presente. Si se siente muy desdichado, se debe sin duda a que ha pasado por experiencias extremadamente dolorosas. Si desea hacer algo para remediar su insatisfacción, considere la posibilidad de buscar ayuda profesional para explorar esos recuerdos. Los recuerdos dolorosos se revelan mejor en presencia de profesionales simpatizantes, experimentados.

Si ha descubierto a través del cuestionario anterior que recibió ciertos mensajes acerca de la lascivia que le están inhibiendo, proceda a la visualización siguiente para borrarlos de su encerado mental.

La mala hierba y la flor hermosa

Imagine de nuevo la semilla de la lascivia germinando en su cerebro. Las raíces son delicadas y sólo empiezan a emerger. Junto a la semilla de la lascivia, hay una semilla de la vergüenza y una semilla de la culpabilidad que también comienzan a echar raíces. Cuando la semilla de la lascivia empieza a brotar, también lo hacen la vergüenza y la culpabilidad, sólo que estas últimas parecen más fuertes y tenaces que la primera. Puede decirse ahora que las semillas de la vergüenza y la culpabilidad están creciendo como malas hierbas. El tallo y las hojas de la lascivia siguen tratando de emerger, pero la vergüenza y la culpabilidad les tapan la luz del sol y minan su fuerza. Las semillas de la vergüenza y la culpabilidad se imponen a la flor de la lascivia, cerrando el paso a todos los nutrientes y privándola de vida.

De pronto, de las profundidades de las raíces de la flor de la lascivia, siente surgir una oleada de energía y de fuerza. Ese brote de fuerza proviene de su determinación de no permitir que las malas hierbas ahoguen la hermosa flor procuradora de placer. En esas circunstancias, las malas hierbas, generalmente más obstinadas, no conseguirán vencer a la flor, más delicada y hermosa. Gracias a su determinación, las raíces de la flor de la lascivia se multiplican, se fortalecen y empiezan a enroscarse en torno a las raíces de la vergüenza y la culpabilidad, cortándoles el aporte de nutrientes. Lentamente, las malas hierbas empiezan a mustiarse y a morir, dejando sola su gloriosa y pura flor de la lascivia.

Revitalización de la lascivia

Afortunadamente, nunca es demasiado tarde para recuperar la lascivia. Voy a exponer cuatro casos, en cada uno de los cuales una interferencia distinta se opuso al desarrollo de la lascivia, pero que demuestran todos ellos cómo recuperar la capacidad de experimentar el amor sexual.

Cathy

La historia de Cathy ilustra cómo las impresiones negativas pueden invertirse más tarde en la vida. Cathy se crió en un hogar en el que los padres no se apreciaban demasiado. Había muy poco afecto entre ellos y abundaban las discusiones, especialmente en cuanto a la pobreza de sus relaciones sexuales. La madre parecía estar de mal humor la mayor parte del tiempo, mientras que el padre se las ingeniaba para permanecer ausente de casa el mayor tiempo posible. En consecuencia, Cathy tuvo que irse desarrollando por su propia cuenta.

Durante los años de la escuela superior, tuvo numerosos novios, pero siempre se mostró distante cuando se trataba de sexo. Al fin y al cabo, le aterraba mortalmente que pudiesen calificarla de provocativa y frustradora, la versión contemporánea de Eva. Creía, como muchas de sus amigas, que las mujeres no deben «tentar» sexualmente a los hombres si no están dispuestas a llegar hasta el final, y a ella no le interesaba el final. Sin que se diese cuenta, el miedo estaba matando su apetito sexual.

Puesto que la actividad sexual no la atraía, le resultaba fácil reprimir su pasión. Además, tocarse los genitales le parecía algo tan inadecuado y embarazoso que no podía siquiera imaginar que lo hiciese un hombre. Cathy se casó a los veintidós años y tuvo su primera experiencia del coito durante la luna de miel. Precisamente como ella había sospechado, las cosas no salieron demasiado bien. Como era de esperar, se había casado con un hombre que se sentía también incómodo frente al sexo y que nunca intentó llegar a nada durante los dos años en que fueron novios, una de las razones que la llevaron a pensar que se trataba del hombre adecuado para ella.

Sin embargo, a medida que su matrimonio avanzaba, Cathy comprendió que dos errores no hacen un acierto. Ninguno de los dos era capaz de ayudar al otro a desarrollarse. Sus relaciones sexuales seguían siendo incómodas y muy infrecuentes. Los preliminares se reducían a leves toques antes del coito. Ni él lograba mantener bastante tiempo la erección durante el coito, ni ella conseguía alcanzar el orgasmo.

Después de diez años de matrimonio y tras escuchar muchos debates por radio y televisión, Cathy acabó por pedir a su marido que acudiesen juntos a una terapia sexual. Él rechazó sin vacilaciones la idea. Ella insistió. La respuesta de su marido, que «soltó» despreocupadamente, fue revelarle que tenía una amante. Y cuando ella le pidió explicaciones, le dijo que su nueva amiga no se quejaba de su forma de hacer el amor. Cathy aprovechó la oportunidad para pedir el divorcio.

Alrededor de un año después del divorcio, empezó a salir de nuevo con un hombre. Tras varias relaciones de breve duración, que terminaron en un fracaso, conoció a un hombre cariñoso, paciente y delicado. Era capaz de prolongar el coito durante «horas», o al menos así se lo parecía a Cathy cuando lo comparaba con su marido. No obstante, seguía sin ser capaz de tener un orgasmo. Cuando le pidió a su nuevo amante que la acompañase a consultar a un sexólogo, aceptó alegremente.

Durante la terapia, trabajamos sobre el «cociente de lujuria» de Cathy. Aceptó leer un libro de cuentos eróticos. Pensaba que los encontraría más bien vulgares, pero descubrió que la excitaban. Aquello era una sensación enteramente nueva para ella, la de excitarse a causa de las imágenes sugeridas por los cuentos. ¿Sería capaz de transferir esa sensación a su relación amorosa? Desde luego, le pareció que valía la pena intentarlo. Empezó por visualizarse encarnando a los personajes femeninos del libro, aunque añadiendo el componente de la relación humana, el cariño. Al principio, tropezó con cierta dificultad para mezclar ambos sentimientos, pero, con el tiempo, empezó a sentir que estaba «bien» combinar la lascivia con el amor. Cathy acababa de descubrir una parte de sí misma hasta entonces completamente desconocida para ella, y le gustaba. Era divertido compartir esa parte de sí misma, antes oculta, con un hombre que la aceptaba sin reservas. Las barreras empezaron a caer y los orgasmos hicieron su aparición.

Connie

El caso de Connie es otro ejemplo de cómo la visualización puede poner punto final a años de descuidar la lascivia o de albergar imágenes negativas a su respecto. Connie tenía cincuenta años. Se había casado dos veces y divorciado otras tantas y estaba comprometida ahora con un hombre al que adoraba. En sus dos primeros matrimonios, la actividad sexual había sido «poco excitante, algo de lo que en realidad nunca me preocupé». En su relación actual, en cambio, resultaba «bastante bien cuando consigo ponerme a tono, pero la verdad es que no suelo disfrutar del humor apropiado». Connie acudió a mi consulta porque se daba cuenta de que su falta de interés por el sexo era la causa principal de sus dos fracasos matrimoniales anteriores. No quería que su nueva relación fracasase por el mismo motivo.

No recordaba ninguna experiencia negativa en particular durante su desarrollo sexual. No obstante, describía a su madre como una mujer muy puritana en sus puntos de vista sobre la sexualidad. No permitió a Connie salir con chicos mientras estuvo en la escuela superior y la obligaba a regresar a casa a las diez de la noche cuando salía con sus amigas los fines de semana. En opinión de Connie, parecía imposible que esos incidentes sin importancia de su historia pudieran ser los responsables de su falta de deseo sexual. No comprendía, sin embargo, que su madre le había transmitido su incomodidad frente al sexo de mil maneras encubiertas. Le comunicaba, por ejemplo, sus mensajes antisexuales en la forma en que se vestía (y la forma en que vestía a su hija), las películas o los programas de televisión que le permitía ver, su actitud frente a los hombres, la manera en que reaccionaba cuando oía un chiste verde, lo que pensaba acerca de la desnudez en casa y cuáles eran los amigos de su hija que le gustaban y cuáles las amistades que procuraba cortar. Todos esos comportamientos indicaban, aunque fuese sutilmente, que la lascivia era algo inconveniente.

Cuando le dije a Connie que visualizase a una mujer muy lasciva, que disfrutase con la actividad sexual, lo primero en que se le ocurrió pensar fue en una prostituta. Le vinieron inmediatamente a la cabeza imágenes femeninas vistas en revistas pornográficas. La emoción vinculada a esas imágenes era de repugnancia. La aparición de las mismas en su mente la sorprendió, lo mismo que la intensidad de los sentimientos que despertaban en ella. Connie nunca había hecho antes de manera consciente la asociación entre la lascivia y la repugnancia. También por primera vez se daba cuenta de que, en su interior, el hecho de permitir que emergiese su lascivia la equipararía a una prostituta. Al fin, su falta de interés por el sexo empezaba a cobrar algún sentido.

Para ser capaz de gozar de sus sentimientos de lascivia, necesitaba destruir esta asociación negativa. En el caso de Connie lo conseguimos con una visualización de transferencia, en que algo que había sido muy positivo en su vida se superponía a sus imágenes negativas. Por fortuna, había una actividad que le había proporcionado muchas alegrías, el baile. Le gustaba bailar y con frecuencia bailaba en casa sola, cuando la música la atraía. Describía el baile como algo que la hacía sentirse libre, llena de energía y totalmente en armonía consigo misma. Utilizaba el baile como un medio de confirmar su autoestima. Era una actividad a la que se entregaba enteramente por sí misma, no algo que hacía para complacer o calmar a otros.

110

Si lograse experimentar los mismos sentimientos con respecto a su lascivia, sería capaz de deleitarse tanto con la actividad sexual como se deleitaba con el baile. Practicó entonces la visualización de sí misma bailando, con lo que experimentaba en su mente una gran alegría. Luego, practicó la transferencia de esta emoción a la imagen mental de sí misma mostrándose lasciva con un compañero sexual. Con la práctica repetida, empezó a ver la lascivia como una emoción susceptible de causar alegría, en lugar de repugnancia. Su sentimiento de: «No hay nada que me interese menos que el sexo» se transformó en el siguiente: «El sexo, como el baile, significa un medio para sentirme bien conmigo misma».

Louis

Las mujeres, claro está, no son las únicas que tienen problemas para combinar armoniosamente la lascivia y el amor. La escasez de deseo sexual en los hombres se relaciona a menudo con la sensación de incomodidad que despierta en ellos la lascivia. Hay uno de mis pacientes al que *nunca* olvidaré porque su historia ilustra del modo más vívido hasta qué punto es vulnerable la lascivia o la distorsión.

A los treinta y nueve años, mi paciente conservaba aún el recuerdo muy lúcido de una ocasión, cuando tenía siete, en que le obligaron a ir a confesarse. Teniendo sólo siete años, era lógico que se sintiese bastante confuso acerca de la naturaleza exacta del pecado. Recordaba, sin embargo, que las monjas le habían dicho que tocarse las partes íntimas del cuerpo era pecado. Y sabiendo que se esperaba de él que tuviese algún pecado, se lo fabricó jugando consigo mismo. Así pudo ir a la iglesia muy «orgulloso» de tener un pecado del que confesarse. El confesor le dijo que rezase algunas avemarías y que nunca volviese a cometerlo.

Como sucede a menudo en la mente todavía no sofisticada de un niño, todo el proceso quedó distorsionado. Cualquier pensamiento sobre el sexo se asoció desde entonces con el pecado. Dicha asociación distorsionada no se manifestó hasta que, al llegar a la adolescencia, Louis empezó a salir con chicas, y lo hizo en forma de una incapacidad para conectar sexualmente con una mujer. En cada caso, la relación empezaba francamente bien. Sin embargo, después de breve tiempo, perdía el interés por la actividad sexual, que acababa por inspirarle una verdadera repulsión, hasta que ponía punto final a sus salidas.

Al cabo de quince años, y después de una serie de relaciones muy desafortunadas, Louis vino a verme. Dado que se ganaba la vida como escritor profesional, llevaba un diario en que anotaba sus ideas y sus imágenes. Esas imágenes estaban cargadas de violencia y de rabia, resultado de su cólera reprimida por verse obligado a descubrir vergüenza y culpa en un comportamiento del que disfrutaba. Dos años y medio más tarde, con la ayuda de imágenes escritas y visuales, acabó por eliminar lo bastante de su sentimiento de culpabilidad para avanzar en la vida. Actualmente, se encuentra en el estadio en que desea intentar el establecimiento de una nueva relación. Esta vez, dejará atrás las imágenes negativas que provocaban su sentimiento de culpabilidad y se considerará más libre de comprometerse en una relación bipersonal significativa.

Alice

El caso de Alice es representativo de una aversión moderada al sexo. Alice me describió su niñez como normal, y a sus padres como muy ocupados, pero cariñosos. Sin embargo, jamás hablaron delante de ella de cuestiones sexuales. Aunque no recordaba haber recibido de ellos ningún mensaje negativo a este respecto, sabía instintivamente que no consideraban la sexualidad como un tema abierto a la discusión.

El desarrollo de su apetito sexual se vio influido negativamente por las persecuciones de un vecino que venía a cuidarla. Los hechos ocurrieron entre los ocho y los diez años de Alice. El chico tenía cinco más que ella, y ésta recordaba que la importunaba constantemente. Fingía jugar con ella al pillapilla y le daba caza alrededor de la casa. Siempre acababa por atraparla y por tirarla al suelo. Entonces la amenazaba con arrancarle la ropa. Nunca lo hizo, pero parecía disfrutar atormentando a la pequeña. A ésta, su estatura y su fuerza física le parecían aterradoras, lo mismo que la asustaban las sensaciones sexuales placenteras que experimentaba cuando él se entregaba a esos juegos. Una parte de Alice sabía que debía contarle a sus padres esos incidentes, pero a una parte más fuerte le aterrorizaba suscitar el tema. No estaba segura de que no la reprendiesen por participar en el juego.

Al cabo de algún tiempo, el vecino que hacía las veces de canguro empezó a salir con chicas y dejó de estar disponible para cuidarla. Poco a poco, el recuerdo que Alice guardaba de los incidentes comenzó a borrarse. O por lo menos, así lo pensaba ella. Sólo llevaba cinco años de casada y había solicitado una terapia a causa de la escasez de su deseo sexual cuando estableció la conexión.

Alice me contó que nunca se había interesado demasiado por el sexo. Su marido era el único hombre con quien había hecho el amor. Fueron novios durante dos años antes de casarse, pero incluso entonces su actividad sexual fue esporádica y muy marginal. «No nos sentíamos seguros y, por lo tanto, no nos abandonábamos», me explicó. Pensaba que las cosas irían mejor una vez que se hubiesen casado y que ella hubiese adquirido confianza. Entonces se sentiría a salvo. Presionó, por consiguiente, a John para apresurar el matrimonio, prometiéndole que sería mejor compañera de cama cuando su relación se legalizase. Nunca sucedió así. Según las palabras de John: «No hay nada que preocupe menos a Alice que el sexo. No demuestra mayor interés que si estuviera lavando».

Alice se sentía muy culpable por el disgusto que su actitud procuraba a John. A diario, se prometía ser en adelante mejor esposa. Sin embargo, cada vez que un encuentro sexual parecía inminente, encontraba una excusa o evitaba astutamente el irse a la cama al mismo tiempo que él. El matrimonio no disipó, como ella había esperado, su sensación de inseguridad. En el momento en que acudieron a mi consulta, John había perdido casi por completo la paciencia. No hacían más que discutir por cualquier cosa. No obstante, ambos sabían que el verdadero motivo de su disputa era el sexo.

Gracias a la visualización, Alice pudo descubrir tanto la causa como el remedio para su aversión. Le pedí que visualizase la experiencia sexual más reciente que hubieran tenido ella y John. Una vez iniciada la visualización, le dije que se centrase en la sensación de inseguridad que experimentaba. Cuando

113

se fijó en eso, la invadió una oleada de imágenes en que se veía arrojada al suelo y dominada. Sentía un intenso deseo de huir, pero era incapaz de liberarse. Acudió entonces a su memoria el recuerdo del canguro, y su vida actual cobró sentido para ella.

Para invertir la asociación entre el apetito sexual y la indefensión, Alice necesitaba romper la que había creado entre la sensación de debilidad y de pérdida de control y el hecho de excitarse sexualmente. Le di instrucciones para que crease una imagen de sí misma en posesión de la fuerza del gigante Atlas. En su imaginación, ya no era débil e incapaz de defenderse, sino que conservaba por completo el control. En las primeras visualizaciones, se hallaba sola con su fuerza. Gradualmente, fue introduciendo a John en ellas. Se imaginaba a sí misma plena de poder y controlando la situación cuando él estaba presente. Luego fue añadiendo lentamente el erotismo a sus imágenes, hasta que pudo permitirse el sentirse excitada y, al mismo tiempo, lo bastante fuerte para no seguir siendo la víctima de un hombre con mayor fuerza que ella. Por último, fue capaz de sentirse a salvo con su sexualidad, en posesión de un mayor control. Ya no necesitaba negar su lascivia como un medio de asegurarse. La conexión se había roto.

Es raro pasar a través del complicado proceso del desarrollo del apetito sexual sin tropezar con alguna desviación, de una clase u otra. Sin embargo, resulta alentador saber que la determinación mental permite superarla. Las distorsiones se crean en la mente y, por lo tanto, ésta puede enderezarlas. Utilice la visualización siguiente para revitalizar mentalmente su apetito sexual.

El Jardín del Edén

Imagine que usted y su pareja están en el Jardín del Edén. Ambos se hallan desnudos. Este jardín es el más apacible y el más agradable de los lugares. Se sienten en él absolutamente a salvo, porque allí se acepta por completo su humanidad. Por todas partes les rodean flores voluptuosas que exhalan un perfume exquisito. Son las flores de la lascivia. Al aspirar su olor, siente un placer sensual que supera a todo cuanto ha experimentado hasta ahora. A su pareja le excita también el aroma de la lascivia. Y su reacción incrementa más aún la suya.

Contemplan cada uno la desnudez del otro y disfrutan con la belleza del cuerpo humano. Su goce aumenta todavía más su excitación y advierte una sensación placentera en los genitales. Sin darse cuenta, pisa una flor de la lascivia. La recoge. Al hacerlo, la flor desprende una vaharada de su suave perfume, que usted inhala profundamente. Cada centímetro de su cuerpo hormiguea de sensaciones eróticas. Su amante le acaricia, y usted se estremece de placer.

Nunca antes había conocido un abandono tan total. Deleitarse en el encanto de sus reacciones eróticas le parece el más natural de los comportamientos humanos. En ese jardín, lleno de la belleza de la lascivia, le es fácil comprender que así es como la naturaleza quiere que sientan los hombres y las mujeres. Se entrega usted a su lascivia como a algo natural, puro e inocente. Es consciente del deseo convulsivo que le invade de unirse íntima y físicamente a su amante y de compartir con él la alegría de dar y recibir la lascivia. Tienden la mano el uno hacia el otro y se entrelazan en una aceptación mutua e incondicional.

Soufflé salpimentado de lascivia (sírvase caliente)

Imagine que está inventando su propia receta para una sesión sexual realmente grande. Empiece por relatar su lista de compras. Debe anotar en ella:

Ambiente apropiado	Al gusto
Diversión	50 medidas
Comunicación	50 medidas
Creatividad	Una dosis generosa
Tiempo	Cantidad no especificada
Respeto	Una dosis generosa
Concentración	Una dosis apropiada
Lascivia	Toda la cantidad que le sea posible encontrar

Ahora tiene que mezclar todos los ingredientes. Imagínese en un dormitorio de un hotel de veinte mil pesetas (o cualquier otro recipiente que le atraiga), con el ambiente apropiado para su gusto. (Las distracciones, como el teléfono o la televisión, le harán perder sabor.) Mezcle, agitando concienzudamente, la *diversión* (el sexo bien especiado sabe mejor cuando se toma como juego que como trabajo; trabajar sobre él da como resultado un soufflé pasado, con mal color y poco apetitoso) y la *comunicación* (recuerde que su pareja desconoce los ingredientes que a usted le gusta añadir a la receta). Para mejorar el conjunto, vierta una dosis generosa de *creatividad*. Añada una cantidad no especificada de *tiempo* y deje calentar a fuego lento todo el tiempo que sea necesario. La calidad no se obtiene con el apresuramiento. Si quiere unos resultados excepcionales, añada una dosis generosa de *respeto* (por sí mismo y por su pareja) y una dosis apropiada de *concentración* (hay que disfrutar del momento, no pensar en lo que va a suceder).

Caliente ahora la mezcla a fuego moderado hasta llevarla al punto de ebullición. Atice entonces el fuego, añadiendo toda la *lascivia* que le sea posible. Continúe dejando que aumente el calor, aunque sin hervir. Ponga entonces la mezcla en su molde favorito para soufflés y métalo en el horno, a doscientos cincuenta grados, hasta que suba. Sírvalo caliente. Habrá obtenido una satisfacción sexual de «veinte mil pesetas»..., lo bastante para que le dure toda la vida.

6. La creatividad sexual a través del juego

El juego, antídoto para el aburrimiento sexual

El juego es una actividad del cerebro derecho. Sin él, la actividad sexual pierde toda su creatividad. El espíritu lúdico nos permite sentir la libertad de nuestra imaginación. Para jugar, necesitamos imaginar y crear, ensanchando las dimensiones de nuestro ser. Cuando jugamos durante la actividad sexual, recurrimos a nuestra creatividad y ampliamos las dimensiones de nuestro yo sexual. Añadiendo el juego al contacto íntimo y la lascivia, se obtiene el sexo verdaderamente a lo grande, el tipo de actividad sexual por la cual no se pierde nunca el interés.

Deténgase un momento y deje que su mente se forje la imagen de un grupo de niños entregados al juego. Finja que los está mirando a través de un telescopio. Enfoque ahora en primer plano a uno de los niños y observe cómo juega. Fíjese en lo espontáneo de su actividad y en su falta total de conciencia de sí mismo. Mientras se mantiene la interacción entre los niños, cada uno de ellos permanece realmente en un mundo de ensueño que le es propio. Vuelva a hacer retroceder el objetivo y observe la escena en su conjunto. Escuche los sonidos. Lo que ve y oye es una expresión del espíritu de libertad que presenta el juego infantil. El *verdadero* juego es una expresión del yo. El *verdadero* juego nos ayuda a conservar la perspectiva de otros aspectos de la vida y nos permite establecer un equilibrio entre las alegrías que ésta nos ofrece y los problemas que nos plantea.

El tedio sexual figura a la cabeza de la lista de quejas formuladas por las parejas que llevan muchos años de vida en común. Y figura a la cabeza de esa lista porque los adultos no suelen jugar. Cuando un niño se acerca a uno de sus padres y le dice: «Me aburro», ¿cuál será la respuesta más probable del adulto? «Vete a jugar.» Los adultos saben que el juego es el antídoto para el aburrimiento. El problema está en que creemos que el *verdadero* juego es una prerrogativa exclusiva de los niños.

Permita que su niño salga a jugar

La mayoría de nosotros tenemos un concepto equivocado del juego de los adultos. Cuando empleo la palabra jugar, no me estoy refiriendo a jugar una partida de tenis en una competición o a jugar a las cartas. Los juegos de los adultos suelen tener reglas y hay en ellos ganadores y perdedores. Por lo tanto, no son verdaderamente juegos. El verdadero juego excluye la competición. No me refiero tampoco a pasar los ratos de ocio leyendo, viendo la televisión o yendo al cine. En esas actividades no se expresa la espontaneidad. Y aunque pueden ser relajantes, no corresponden a la definición de juego.

La lista siguiente de los elementos del juego le ayudará a diferenciar el verdadero juego de otras actividades aparentemente lúdicas.

● Una espontaneidad de la que dimana una pérdida de conciencia de sí mismo y está, por consiguiente, libre de los juicios propios y ajenos.

● Una actividad de libre elección, sin obligaciones ni coacciones. Uno juega simplemente porque quiere jugar.

● Una actividad no competitiva, en la que todo el mundo gana y nadie pierde.

● Un estado de actividad física con el que se estimula el cuerpo. Durante el juego, la tensión sanguínea aumenta y los latidos del corazón se aceleran, y el sujeto se siente alegre y animado. Escribir un poema puede producir este estado en la misma medida que una acción más física.

• El juego es algo particular a cada individuo, de modo que cada uno de nosotros consideramos como juego actividades muy distintas.

• El juego es un estado absorto, que nos acapara y nos sumerge. Nos perdemos en el placer de la experiencia.

• El humor y la risa, no la seriedad, son el sello del verdadero juego.

• La relajación se distingue del juego en que reduce al mínimo tanto la actividad física como la mental. Pese a ser saludable, la relajación no es forzosamente tan espontánea o gozosa como la creatividad en el juego.

• El sentimiento de seguridad es un requisito para ser capaz de jugar. Si nos sentimos amenazados por un daño físico o por la posibilidad de vernos dominados, nuestros mecanismos de autoprotección se ponen automáticamente en marcha, con lo que se hacen imposibles la espontaneidad y la pérdida de conciencia de nosotros mismos.

Concédase un momento para hacer la visualización siguiente, que le ayudará a forjarse una imagen del juego adulto.

El juego del pillapilla

Está usted en una playa muy hermosa. Es un día cálido, soleado y con un cielo intensamente azul, moteado de nubes blancas y algodonosas. Va caminando por la playa a orillas del agua cuando, de pronto, una ola se precipita sobre sus pies y casi los cubre. Cuando la ola retrocede, corre usted tras ella, como en el juego del pillapilla. Empieza a acercarse otra ola, y usted corre alejándose de ella justo lo ne-

cesario para evitar que le atrape. Y tan pronto como ella empieza a retroceder hacia el mar, parte usted en su persecución. Hay cientos de personas en la playa, pero usted no tiene la menor conciencia de ellas, pendiente sólo de sí mismo y de las olas. Siente su espíritu como iluminado, y el mundo le parece jubiloso. Se ríe frente a las olas, sumergido en un mundo de su propia creación. Siente que su corazón palpita acelerado, y una ligera excitación recorre su cuerpo mientras juguetea con las olas, estableciendo con ellas una relación sin ningún juicio de valor, no competitiva. Nadie le dice cómo jugar con las olas ni cuánto tiempo puede entregarse a su juego. Nadie le corrige ni le asigna una puntuación, y no hay ganador ni perdedor. No hay nada más que usted, las olas, su espontaneidad, su excitación, su risa y su alegría.

Cómo entablar amistad con el juego y la lascivia

El juego y la lascivia son amigos muy íntimos. Caminan de la mano, como hacen los buenos amigos, apoyándose el uno en el otro para edificar un yo sexual más robusto. Tanto el juego como la lascivia constituyen partes instintivas de nuestro ser y —prueba de su universalidad— pueden ser observados en todas las culturas a lo largo de la historia. *Si la lascivia es la emoción primordial que pone en marcha nuestra sensualidad, el juego es el vehículo que nos lleva adonde vamos.* Sin juego, la lascivia se queda sola, sin ningún sitio al que ir.

La visualización siguiente le ayudará a integrar mejor la lascivia y el juego en su yo sexual.

La fusión de los clones

Imagínese que camina lentamente junto a un clon de sí mismo. Ambos se dirigen en busca de sus amantes y anticipan un encuentro sexual. Hay entre los dos un espacio de unos sesenta centímetros y pueden verse, pero no tocarse. Los dos son idénticos. Sólo se diferencian en la camiseta que visten. Uno lleva una camiseta en la que está escrita la palabra lascivia; *el otro, una camiseta con la palabra* juego. *Aunque avanzan sincronizados, no tienen la impresión de formar una sola persona. Miran hacia adelante, pensando en el próximo encuentro sexual, y tratan de apresurar el paso, pero están como sumidos en un letargo, incapaces de motivarse a sí mismos.*

Se miran el uno al otro y se dan cuenta de que, si fueran uno solo, gozarían de mayor energía. Sin embargo, la pequeña distancia que les separa les parece un vasto espacio vacío. A fin de reducir ese espacio, dan un paso el uno hacia el otro. Tienden las manos para unirlas. Cuando se tocan, advierten que una corriente de energía pasa entre ambos. Ahora se siente usted más fuerte, más entusiasta, capaz de moverse más rápidamente en dirección a su cita con un amante también unificado.

El equilibrio entre el juego y la obligación

Ahora que ya tiene una noción, tanto visual como escrita, de lo que es el juego, piense hasta qué punto se puede considerar a sí mismo como una persona lúdica. Calcule la proporción en que el juego forma parte de su vida respondiendo a las preguntas siguientes. Durante el año que acaba de transcurrir, cuándo fue la última vez en que:

123

1. Actué de manera totalmente espontánea, sin miedo a las críticas.

EJEMPLO: Cantar en voz alta por la simple razón de que me apetecía.

2. Solté una gran carcajada o reí hasta que se me saltaron las lágrimas.

3. Me abstraí hasta tal punto en algo agradable que me olvidé del resto del mundo.

EJEMPLO: No descolgar el teléfono cuando suena mientras se está haciendo el amor.

4. Me dediqué a una actividad no competitiva con otra persona, simplemente por placer y por pura diversión.

EJEMPLO: Jugar a darse con el pie por debajo de la mesa.

5. Me olvidé completamente de mí mismo en favor de la situación.

EJEMPLO: Tener una idea genial y comunicarla sin preocuparse de si va a ser aceptada o no.

6. Permití que el niño que hay en mí se impusiese al adulto que soy.

EJEMPLO: Robar cinco minutos a sus obligaciones para soñar despierto o para disimular algo a manera de juego.

Si le cuesta trabajo recordar alguno de estos momentos, sepa que no es usted el único, ya que pocos de nosotros mantenemos el equilibrio adecuado entre el juego y la obligación. Pasamos demasiado tiempo ocupados en el cerebro izquierdo, enfrentándonos a las exigencias que la vida nos plantea. A cierto nivel, la mayoría de nosotros sabemos que no concedemos al juego el tiempo necesario. Nos parece tan *natural* que las obligaciones tengan la prioridad sobre el juego... Nos sentimos culpables cuando nos entregamos al juego, normalmente calificado de frívolo, algo que sólo está permitido a los niños.

He aquí una visualización que le permitirá equilibrar mejor el juego y la obligación.

El balancín

Imagínese que usted y su otro yo están sentados en los extremos opuestos de un balancín. Uno representa la parte de usted que atiende a las exigencias y las obligaciones, mientras que el otro representa su yo lúdico. Ambas partes están desequilibradas. La parte lúdica se encuentra arriba en el aire. La parte responsable descansa en el suelo. La parte de usted que está en el aire se siente desconectada del mundo real, es decir, del suelo. Se nota sin sustancia, y usted se da cuenta de que no le ha dado el peso suficiente para contrarrestar la carga de las obligaciones que le incumben.

Imagínese ahora sus obligaciones como si fuesen piedras que llevase en el bolsillo. Saca unas cuantas piedras y las tira al suelo. Al hacerlo, el columpio empieza a moverse. La parte responsable se siente entonces más ligera y comienza a despegarse del suelo. Siga tirando paulatinamente las piedras de las obligaciones, hasta que advierta que las dos partes de sí mismo están perfectamente equilibradas. Ahora, su parte responsable se siente más ligera, y su parte lúdica se siente con mayor sustancia, de tal modo que le es posible compensar la parte responsable. Ambas partes están ahora centradas, con los pies firmemente apoyados en el suelo.

Invite a sus nuevos amigos a jugar en el patio de su casa

¿Se ha fijado alguna vez en cuánto más fácil resulta inclinarse al juego cuando uno está de vacaciones, fuera de casa? Es lógico. Las vacaciones son el único período en que se nos concede «permiso» para jugar. Puesto que la mayoría disfrutamos sólo de dos semanas de vacaciones, ¿cómo extrañarse de que no formemos un grupo de alegres jugadores? Cuando nos las arreglamos para jugar en el patio de casa, sin necesidad de esperar a irnos de vacaciones, nos sentimos culpables, como si estuviéramos cometiendo una estafa.

Hay dos motivos principales para que el juego nos haga sentirnos culpables. En primer lugar, hemos crecido en una cultura que preconiza una ética basada en el trabajo duro. La mayor parte de nuestra autoestima depende del grado en que somos productivos. Las consecuciones son recompensadas con un *status* social elevado, con dinero e incluso con ver nuestro nombre grabado en una placa. No conozco ningún trofeo que se otorgue por el hecho de ser capaz de jugar.

El segundo motivo de que tengamos problemas con el juego deriva de nuestra concepción del mundo, de nuestra perspectiva básica de la vida. Existen diversas concepciones del mundo, que se extienden en un continuum desde el polo positivo al polo negativo. La mayoría de la gente tiende a permanecer en el mismo punto del continuum en lo que se refiere a casi todos los aspectos de la vida. Todos conocemos a alguien que se muestra pesimista en todo, y a otros que son optimistas inveterados. La mayoría nos situamos poco más o menos en el centro. Algunos saltan a través del continuum, según el aspecto particular de la vida de que se trate. Desgraciadamente, casi todos nos apoyamos en una concepción negativa del mundo en lo que concierne al juego de los adultos. Jugar es cosa de niños, no de adultos. La negatividad se expresa en la consideración del juego como algo absurdo, infantil, trivial o frívolo.

Retroceda unas cuantas páginas y lea de nuevo la lista de los elementos que componen el juego. La actividad sexual nos concede la oportunidad de reunir esos elementos. Lástima que nuestra actividad negativa respecto al juego restringe nuestro deseo de mostrarnos lúdicos durante los encuentros sexuales... Por lo demás, lo mismo nos ocurre en otros muchos aspectos de la vida.

La actitud de Ralph y Sara se repite en muchas de las parejas que tienen una actividad sexual escasa. Llevaban casados ocho años. Ralph tenía entonces cuarenta y ocho, y Sara cuarenta y cuatro. Era el segundo matrimonio de Ralph, que aportó a su nueva familia dos hijos adolescentes. Sara tenía la intención de ocuparse de los dos muchachos. Ahora bien, como era de esperar, las cosas no marcharon precisamente sobre ruedas. La adolescencia es una etapa de separación e individualismo y no hay que extrañarse de que los chicos no aceptaran fácilmente la intervención en su vida de una nueva figura autoritaria. Inconscientemente, Ralph quería proteger a sus hijos y no apoyaba los esfuerzos de Sara por ser una madre para ellos.

No hizo falta mucho tiempo para que la disensión se instalase en la familia. Las gloriosas sesiones sexuales que caracterizaron al principio las relaciones de Ralph y Sara desaparecieron. Fueron reemplazadas por una ausencia total de actividad en este sentido. Lo bastante avisados para comprender que necesitaban ayuda, pensaron en una terapia familiar. Les costó dos años de arduo trabajo, pero aprendieron a llegar a un compromiso en cuanto a los problemas de la educación de los hijos, y la tensión que reinaba en la familia disminuyó en un grado considerable.

Recurrieron a la terapia sexual dos años y medio después de haber terminado el asesoramiento familiar. Los chicos habían crecido y abandonado el hogar, y Ralph y Sara se encontraban juntos mejor de lo que se habían sentido nunca. Por eso les extrañaba el no haber reanudado todavía sus encuentros sexuales. Cuando les vi, habían transcurrido ocho meses desde el último. Y antes de él, hubo otro intervalo de seis meses. «Al paso que vamos —comentó Ralph—, dentro de diez años nos inscriben en el Guinness de récords mundiales.»

Vistas las cosas superficialmente, el hecho de que su vida sexual fuera tan parca suponía un verdadero misterio. Les agradaba su mutua compañía y no albergaban resentimientos importantes el uno contra el otro. A Ralph le iba todo muy bien en su carrera. «Por primera vez, disponemos de dinero para emplearlo en pequeños extras —me dijo—. Ésta debería ser la Edad de Oro para nosotros.» Le pedí entonces que me contase algo más acerca de su trabajo.

Resultó que había tenido un ascenso tres años antes. Aquello era lo que siempre había deseado, y había luchado mucho para llegar a la posición a la que aspiraba, la cima de una gran compañía, donde no tenía a ningún jefe por encima que le diese órdenes.

Le pregunté cuáles eran sus actividades de relajación y juego. Me miró estupefacto.

—¿Relajación? ¿Juego? —respondió—. Pero si sólo puedo permitirme cinco horas de sueño por las noches...

—Y si se siente atraído por el sexo, ¿cuándo se entrega a él? —inquirí.

—Pues... El fin de semana, supongo —contestó vacilante.

—¿No trabaja los fines de semana?

—Bueno, en realidad sí. Tengo que despachar un montón de papeles y me los traigo para acabarlos durante el fin de semana. Y naturalmente, también hay muchas cosas que hacer en casa.

—Quizá le parezca que esto no tiene nada que ver con la cuestión —le dije—, pero me gustaría saber lo que recuerda de los juegos de sus años infantiles. Cierre los ojos por un momento y retroceda en el tiempo, a la época en que tenía usted diez años. ¿Qué se ve haciendo los sábados?

—Lo único que se me viene a la cabeza es la imagen de mi padre despertándonos por la mañana temprano con un golpe en la puerta y gritando: «¡Arriba y a la faena!». Ya sabe..., como un sargento de marines.

—¿Su padre era marine?

—No, pero no cabe duda de que a veces actuaba como si lo fuera. Era un verdadero tirano. Dedicaba los fines de semana a buscar cosas que hacer y siempre tenía una lista de tareas que nos mantenían muy ocupados.

—¿Lo mismo que ahora, no? —comenté.

En este punto, advertí que Sara estaba francamente inquieta. Le pregunté qué le pasaba.

—Lo que están ustedes diciendo me hace sentirme incómoda, porque empiezo a verme un poco a mí misma en todo eso. Me paso cada minuto del sábado y del domingo planeando hacer todo lo que no pude hacer durante la semana. Y comienzo a comprender su punto de vista. Resulta un tanto aterrador. Nos hemos embarcado los dos en un estilo de vida que no nos permite dedicarnos a nada que no sea productivo, incluyendo la actividad sexual. ¿Hay algo que podamos hacer para remediarlo?

—Bueno, me gustaría que considerasen la posibilidad de intentar un experimento. Este fin de semana, quiero que, el sábado o el domingo por la mañana, se queden en la cama una hora más. No piensen siquiera en el sexo. Limítense a comprobar si son capaces de permanecer en la cama y charlar, leer el periódico o cualquier otra cosa relajante. Y en eso no se incluyen los papeles de la oficina.

A la semana siguiente, Ralph y Sara cancelaron su cita. Ralph había salido en viaje de negocios. Como me explicó Sara por teléfono, esos viajes se repetían con frecuencia y formaban una parte importante de las responsabilidades de su marido. Hablamos de ellos en la sesión siguiente. No era la primera vez en que reconocían que ese alejamiento constituía uno de los elementos del problema, pero sí la primera vez en que lo veían como una pauta general de su vida. El trabajo se imponía casi siempre al juego. Tal era la filosofía básica de sus vidas, y ahora empezaban a ver que sus decisiones y sus elecciones derivaban de esa filosofía. Volví a asignarles las mismas «tareas para casa».

Por su propia iniciativa, decidieron salir de la ciudad el próximo fin de semana para intentar cumplirlas. Ir de viaje les ayudaría, pensaban. Y en efecto, cuando se presentaron a la sesión siguiente, ambos sonreían. En lugar de sus vacaciones habituales, que consistían en el famoso «arriba y a la tarea» y en acumular el mayor número de cosas posibles en una jornada, se quedaron en la cama el sábado por la mañana y, por primera vez en ocho meses, hicieron el amor. Tanto él como ella manifestaron su alegría y, al mismo tiempo, su frustración. Estaban emocionados por haber resuelto su problema de abstinencia sexual, pero les preocupaba pensar que habían tenido que abandonar su casa para conseguirlo. ¿Se verían obligados a salir de viaje cada vez que deseasen encontrarse? ¿Por qué no podían «jugar en su propio patio»? Para responder a estas preguntas, echamos una ojeada a sus anclas en el juego y en el sexo.

Anclas que ayudan y anclas que obstaculizan

La situación de Ralph y Sara ilustra la fuerza del «anclaje», la tendencia humana a reaccionar de la misma forma cuando nos rodean los mismos estímulos. En nuestro hogar, el trabajo que necesita ser hecho nos sirve como un ancla o un recordatorio de las tareas que aún no hemos cumplido. Así un montón de ropa por lavar, una pila de revistas profesionales o un fajo de facturas activan nuestro cerebro izquierdo. Se precisa un esfuerzo de concentración para pasar al cerebro derecho cuando ese tipo de anclas nos sujeta. Irse de vacaciones significa dejarlas atrás, fuera de la vista, fuera de la mente. Las vacaciones hacen mucho más fácil mantenerse en el cerebro derecho y por eso durante ellas se hace el amor con mayor frecuencia.

Naturalmente, a la mayoría de nosotros no nos está permitido salir de vacaciones una vez por semana. Sí podemos, en cambio, agenciarnos anclas en el cerebro derecho para contrarrestar las del cerebro izquierdo. Algunas de las anclas que nos hacen pensar en el sexo nos son muy familiares, puesto que han sido inmortalizadas en libros y películas. Las cenas románticas, las flores, las velas, la música y la lencería delicada figuran entre las más conocidas (y por regla general, resultan mucho más asequibles cuando estamos de vacaciones). Con un espíritu lúdico, dejaremos libre nuestra creatividad, la cual ideará un ancla de contraataque que nos será propia y exclusiva. Eso fue lo que recomendé a Ralph y Sara que hicieran.

Tenían que desterrar de su dormitorio todo recuerdo relativo al trabajo. Ni uno solo de los papeles de la oficina de Ralph podría entrar en él. Tampoco Sara se traería ningún recordatorio de la lista de cosas que le faltaba por hacer. Realizaron juntos una divertida excursión por las tiendas, durante la cual se compraron ropa sexy para su nuevo «corralito». Cuando uno de los dos se sentía atraído por la actividad sexual, colocaba una de las prendas sobre la cama, a fin de comunicárselo al otro. Sara empezó a comprar tarjetas cómicas para entregárselas a Ralph cuando regresaba a casa después de una larga jornada. Ralph hacía dos pausas de cinco minutos al día para visualizar una escena lúdica y sexual con Sara. No es, pues, sorprendente que parte de la espontaneidad, el aspecto lúdico y la pasión de los primeros tiempos de sus relaciones reapareciese.

¿Este nuevo vigor sexual de Ralph y Sara será duradero o se trata de algo creado artificialmente por el hecho de someterse a una terapia? La respuesta depende, claro está, de su motivación para el cambio. Modificar las anclas ayuda, pero el éxito a largo plazo viene de la voluntad de revalorizar el juego. Si creemos en el valor del juego y utilizamos las estrategias de cambio descritas en el capítulo 2, equilibraremos de modo natural el juego y la obligación (y la productividad).

¿Es realmente posible mantener viva la pasión sexual?

Pregúntese a sí mismo: ¿cuál fue la última experiencia sexual en que abandoné voluntariamente el control durante el tiempo suficiente para sentir mi espíritu libre, con una falta total de autoconciencia? ¿Recuerdo haber llorado, sonreído o incluso reído tontamente? Para la mayoría de nosotros, el retozo sexual se produce de manera natural en las relaciones nuevas, aunque nunca nos hayamos parado a pensar en ello. También para la mayoría, el componente lúdico del amor se desvanece con el tiempo.

Se ha escrito mucho sobre el modo en que las relaciones cambian con el transcurso del tiempo. En lo que se refiere al sexo, la desaparición de la espontaneidad, el juego y la pasión es legendaria. También suele sernos familiar la sensación de aburrimiento que reemplaza a menudo esta pérdida.

La mayoría de nosotros nos planteamos la pregunta siguiente: ¿son inevitables esos cambios? La respuesta es *sí y no*. Sí, hay ciertos cambios que se producen inevitablemente a medida que una relación madura. Y no, el aburrimiento no es un elemento ineludible de los cambios. Se nos ofrecen otras opciones. Me explicaré.

En la infancia y la juventud de una relación, la espontaneidad y el juego son tan naturales como la escena de los niños jugando que imaginamos antes. Pero la relación sigue los pasos de la vida, es decir, la madurez trae consigo la responsabilidad. Exige enfrentarse a los problemas de la vida real, al igual que las diferencias de valores, las costumbres, las preferencias, el ambiente, la religión y los otros mil detalles que se convierten en el foco de una relación madura.

De niños, observamos cómo los adultos reaccionan a las dificultades, los motivos de irritación y los obstáculos, oponiéndoles una energía negativa. El sistema occidental de enfrentarse a las exigencias de la vida ha consistido siempre en verlas como enemigas, algo contra lo que hay que luchar y que es preciso dominar y controlar. Se considera la lucha con reverencia. Por consiguiente, vemos la vida diaria como una batalla.

Desgraciadamente, también tendemos a considerar las exigencias de una relación en el mismo sentido. En el desarrollo inevitablemente evolutivo de las relaciones, las exigencias se convierten para nosotros, sin que lo advirtamos, en un enemigo. Y tratar con un enemigo provoca siempre tensión.

Así introducimos el estrés en nuestra vida. Un exceso de estrés puede inhibir el deseo sexual, la única actividad capaz de sustentarnos y, de hecho, capaz de disminuir el estrés. La mayoría notamos este vacío y, en un esfuerzo por introducir de nuevo la actividad sexual en nuestra vida, la añadimos a la lista de nuestras obligaciones. Buscamos para ella un momento cualquiera entre el trabajo, los hijos, los parientes, los amigos, las asociaciones y las diversiones, un círculo vicioso que más bien aumenta que disminuye el estrés, ya que la actividad sexual empieza a parecernos únicamente una tarea más del cerebro izquierdo.

Características de la persona creativa*

● Sentido de la aventura y espíritu lúdico.

● Deseo de experimentar y aceptación de los azares del fracaso.

● Energía suficiente para empezar todo de nuevo desde el principio en caso necesario.

● Capacidad de jugar con las ideas, hasta que llega la inspiración o el «momento de la verdad».

● Tendencia a estudiar los problemas desde una perspectiva desacostumbrada y amplitud de miras precisa para revisar sus ideas.

● Capacidad de reordenar las cosas de nuevas maneras que le agraden más.

* Caplan, Frank, y Caplan, Theresa, *The Power of Play*, pp. 145-179.

- Voluntad de dejar algunas cosas momentáneamente sin resolver.

- Poder de ignorar los estereotipos en favor de nuevos enfoques.

- Voluntad de poner en tela de juicio lo que siempre ha dado por cierto.

- Tolerancia frente a las diferencias individuales.

- Capacidad de fantasear.

Sentirse en seguridad durante el juego

Por definición, no se puede confiar en el enemigo y, desde luego, consideramos peligroso invitarlo a compartir nuestros juegos. Sabemos intuitivamente que no debemos intimar con el enemigo. Ahora bien, cuando surgen diferencias en nuestras relaciones, nuestra primera reacción instintiva consiste en enfrentarnos a ellas como si se tratase de enemigos. Así, aunque amemos a nuestra pareja, la odiamos al mismo tiempo al verla como un enemigo. Es el doble lazo clásico. Vivir con esta paradoja significa normalmente que nunca nos permitimos bajar por completo la guardia. Desde el punto de vista sexual, es más seguro apartarse y rechazar, con lo cual volvemos a la premisa anterior: la falta de participación conduce casi siempre al aburrimiento o, peor aún, al abandono, la disfunción e incluso la venganza.

Sí, las relaciones siguen siempre un proceso de cambio muy predecible. En las relaciones, como en la vida, nunca perdura el enamoramiento insaciable, espontáneo, de sus primeros tiempos. Pero no debemos afrontar esos cambios con una energía negativa. *No debemos ver las exigencias o diferencias como si fueran nuestras enemigas.* Se trata de un comportamiento aprendido y, por lo tanto, tenemos la posibilidad de borrarlo. Se nos ofrece la opción de reordenar lo que nos enseñaron, de forma que seamos capaces de retener a nuestros compañeros en el juego sexual y conservar el espíritu de diversión, risa y libertad característico del verdadero juego.

Utilice la visualización siguiente para que le ayude a reconstruir su perspectiva y convertir la energía negativa en energía positiva.

Del enemigo al amigo

Usted y su amante se encuentran en uno de sus escenarios favoritos para hacer el amor. El ambiente es justo lo que debe ser. Se sienten relajados, seguros y de humor para iniciar una gran experiencia sexual. De pronto, su amante dice o hace algo que le irrita. Es como si hubieran pulsado un «botón» muy sensible, y usted se da cuenta de que su estado de ánimo ha cambiado. Su atención ha dejado de concentrarse en la actividad sexual, y la excitación se ha desvanecido. Al contrario, empieza a encolerizarse. Se siente ofendido, y la sensación de seguridad desaparece, reemplazada por el dominio de una parte instintiva de su ser que quiere devolver el golpe. Su amante se ha transformado en un enemigo y presenta ahora una apariencia demoniaca, con cuernos y un tridente.

Suspende entonces toda acción durante tres segundos. No dice ni hace nada. Después, mira fijamente a su amante. Detrás de los cuernos y la apariencia diabólica, ve a una persona vulnerable. Comprende que sus observaciones o su comportamiento no se proponían irritarle o herirle, ni tenían ninguna intención maligna. Los cuernos, el tridente y la apariencia diabólica desaparecen, reemplazados por una agradable sonrisa. Esa persona parece amistosa y amante. Ahora recuerda por qué se habían reunido al principio. Su concentración se restablece y

*es capaz de polarizarse en el erotismo, el placer y
la alegría del encuentro. Acerca su cuerpo al de su
amante y se prepara para la oleada de suave calor
que le envolverá cuando ambos se toquen.*

Afrodisiacos verbales

El lenguaje del amor es una parte importante del juego sexual. El lenguaje crea un estado de ánimo y por eso constituye un elemento primordial en la transmisión del mensaje de si se acepta o no el juego. Los niños se muestran muy directos en este mensaje. «¿Quieres jugar conmigo?», preguntan. Los adultos raras veces preguntan a otro adulto: «¿Quieres jugar conmigo?». Quizá alguno diga a su compañero: «¿Te apetece divertirte un poco?». Y eso es lo más cerca a que llega un adulto en cuanto a pedirle a otro adulto que comparta su juego. Para la mayoría de nosotros, el juego se asocia raramente con el sexo y, por consiguiente, nuestro lenguaje no incluye imágenes lúdicas.

Es interesante comprobar que la búsqueda de un afrodisiaco exterior, como una píldora o una droga, ha preocupado a la humanidad durante siglos. Nunca se ha conseguido descubrirlo. Sin embargo, durante todo ese tiempo, teníamos en casa, en el cerebro derecho, el más potente de los afrodisiacos, esperando como la Bella Durmiente a que las palabras y las imágenes correctas lo despertasen. El lenguaje es uno de los afrodisiacos más potentes porque las palabras se traducen inmediatamente en imágenes, que actúan como estimulantes sexuales.

Aprender a buscar las palabras apropiadas para crear imágenes puede cambiar de modo espectacular el comportamiento sexual. Durante años, he intentado convencer a las parejas de que entablar una charla lúdica, erótica, supone un magnífico sistema para excitarse mutuamente y comunicarse sus preferencias sexuales. Siempre me han opuesto una resistencia tenaz. Para la mayoría de la gente, el término charla erótica suscita de inmediato en su mente la idea de «sucio». Naturalmente, tal idea hace sentirse incómodas a muchas personas. Como solución para este dilema, establecen entonces una comunicación no verbal. Por desgracia, se trata de una solución erizada de problemas.

La comunicación no verbal resulta, aun en el mejor de los casos, arriesgada. ¿Qué significa, por ejemplo, un gemido? ¿Cómo calibrar un mensaje no verbal, por ejemplo un abrazo, un beso o una caricia? ¿Este beso determinado es sólo una expresión de cariño o el preludio de algo más erótico? Las demostraciones de afecto, pero sin ninguna connotación sexual, que fracasaron porque el otro se equivocó al pensar que tenían el erotismo como instigador oculto son innumerables. Un número igual de maravillosas oportunidades sexuales se sabotean del mismo modo. He aquí un incidente que me contó una de mis pacientes.

Era por la mañana temprano, y Scott y Maureen estaban todavía en la cama. Maureen se sentía juguetona y con ganas de hacer el amor. Su marido le daba la espalda, así que empezó a acariciársela. Él se agitó, dejó escapar un gemido, pero no se volvió hacia ella ni la tocó. Maureen se quedó desconcertada, sin saber qué hacer. «A lo mejor no le apetece —pensó—. La última vez en que intenté algo, empezó a acariciarme los pechos, pero en seguida volvió a quedarse dormido.» Aquel rechazo la había herido. Y el dolor de la herida se transformó inmediatamente en enfado, que se prolongó durante días y terminó en una gran discusión. No quería que la hiriera de nuevo, de forma que, antes de arriesgarse a otro rechazo, prefirió dejarlo.

Más tarde, aquella misma noche, Scott inició una pelea. No parecía haber ningún motivo especial para ella. «Pero ¿qué te pasa?», preguntó Maureen. Él terminó por confesar que estaba inquieto porque ella había iniciado algo por la mañana y no había continuado. Ignoraba si aquella caricia significaba que su deseo se había despertado o simplemente trataba de mostrarse afectuosa. Recordaba también lo furiosa que se había puesto cuando se quedó dormido y no quería molestarla si no le estaba enviando un mensaje sexual. Un estado de ánimo perfectamente lúdico y una oportunidad de actividad sexual se habían perdido a causa de una comunicación no verbal demasiado vaga. Por desgracia, esto sucede millones de veces al día, en los dormitorios del mundo entero.

El incidente se podría haber evitado fácilmente si Maureen le hubiera dicho a Scott (mientras le acariciaba la espalda): «Me siento excitada esta mañana. ¿No te apetecería que hiciéramos el amor a lo grande?». Y dado que Scott estaba de humor para eso, la invitación hubiera sido aceptada alegremente. ¿Y si Scott no hubiera estado de humor? Entonces Maureen hubiera tenido que aceptar la gran R: el rechazo.

Lenguaje de alcoba

Hagamos ahora un experimento puramente lúdico sobre la comunicación y la intimidad sexual.* Dispóngase a jugar con su amante al juego siguiente. Cada uno de ustedes anotará en una hoja de papel sus conjeturas acerca de lo que respondería el otro a las preguntas del juego. Después, comparen esas respuestas. Prepárense para sentirse excitados.

1. *Momento favorito para el sexo:*
   ¿A qué hora del día suena tu reloj?
   ¿Cuál es tu momento de hacer el amor?

2. *El lugar:*
   Deja tu imaginación vagar,
   busca el amor ideal.

3. *La invitación sexual:*
   Si tu amante suspira por tenerte,
   ¿cómo prefieres que te lo plantee?

4. *La iniciativa sexual:*
   Y si eres tú el que desea al otro,
   ¿cómo has de hacer para ponerle a tono?

* Agradezco especialmente a Orin Solloway su empleo imaginativo y lúdico del lenguaje a través de la rima.

5. *El comienzo de los preliminares:*
   Cuando está ya a punto de arder el deseo,
   ¿qué es lo que te gusta hacer lo primero?

6. *La excitación inicial:*
   Descríbenos ahora ese movimiento
   que hace que tu cuerpo se excite al momento.

7. *Los preliminares favoritos:*
   Sí, sí, ya lo sabemos
   que los preliminares
   te causan mil placeres,
   pero entre todos ellos,
   ¿cuál es el que prefieres?

8. *La masturbación:*
   ¿Consideras que es bueno, muy conveniente
   y sano
   que aumentéis el placer con vuestra propia
   mano?

9. *Las charlas sexuales:*
   En situación sexual, ¿qué te parece mejor
   callar o hablar del amor para atizar el ardor?

10. *La fantasía sexual:*
    ¿La erótica fantasía, dulce sueño singular,
    puede llevarte a la cumbre del éxtasis sexual?

11. *La concentración sexual:*
    Cuando estás ya preparado, dispuesto a em-
    prender el vuelo,
    ¿cuáles son esos detalles que te dejarán de
    hielo?

12. *Las posturas sexuales:*
    Pecho contra pecho, pecho contra espalda,
    ¿cuál es tu postura favorita
    para un buen rato de retozo en la cama?

13. *Las caricias preferidas:*
¿Te gustan los mimitos? ¿Te gustan las cosquillas?
¿Qué clase de contacto te causa más delicia?

14. *Las técnicas sexuales:*
Tu amante no lo sabe, nunca lo has revelado,
¿mas no hay algún detalle, un detalle omitido,
que te hubiera gustado?

El juego vence al rechazo

El miedo a la gran R mata el erotismo. Ahora bien, el temor al rechazo es uno de nuestros miedos más básicos. Lo mismo que el sentimiento de culpabilidad, el miedo no puede coexistir con la lascivia. Si existe el uno, no existe la otra, y viceversa. Sin embargo, muy pocos de nosotros nos autovaloramos lo suficiente para estar enteramente libres del temor al rechazo, sobre todo al rechazo sexual. Como Maureen, preferimos renunciar a la actividad sexual antes que correr ese riesgo.

Recurrimos a la comunicación no verbal como una estrategia para evitar el rechazo. Nos engañamos a nosotros mismos pensando que con los mensajes no verbales lo sufriremos menos. Un mensaje no verbal no pasa de ser una insinuación. Nuestra idea consiste en que, mientras no lo *digamos*, no nos incumbe ninguna responsabilidad. El plan inconsciente de Maureen era que, tocando simplemente a Scott en lugar de hablarle, éste captaría sus deseos gracias a la percepción extrasensorial o a cualquier otro tipo de comunicación mágica. No quería admitir que deseaba la actividad sexual, pero quizá lograría excitar a Scott para que él emprendiese algo. De este modo, no podría sentirse rechazada, puesto que nunca había manifestado abiertamente su intención.

Como hemos visto, el plan de Maureen fracasó. Un plan semejante fracasa en general. En primer lugar, por ser tan retorcido y poco honrado, y, en segundo, porque la persona normal carece de poderes de percepción extrasensorial y, por lo tanto, le es imposible descifrar a fondo un mensaje no verbal. Scott respondió a su vez con un mensaje no verbal, duplicando así la probabilidad de una falta de comunicación. Pocas veces logramos evitar el rechazo negándonos a aceptar la responsabilidad de nuestros deseos sexuales. Al contrario, impedimos sin darnos cuenta la actividad sexual, un círculo vicioso que se va remontando hacia problemas relacionales graves.

Nos conviene aprender a mostrarnos más lúdicos en nuestra sexualidad para enfrentarnos mejor a la sensación de rechazo. Un lenguaje sexual lúdico es una solución muy preferible a las ambigüedades no verbales. Abandonar la imagen del lenguaje sexual como algo sucio y sustituirlo por imágenes de juego ayuda a mejorar la comunicación sexual. Pero volvamos a Maureen y Scott y veamos cómo funciona esto.

Maureen debió decirle a Scott: «Me siento excitada esta mañana. ¿No te apetecería que hiciésemos el amor a lo grande?». Así afirmaba claramente su deseo sexual e invitaba a Scott a unirse a ella, sin formular ninguna expectativa ni exigencia. Supongamos que él no estaba de humor o pensaba que no disponía de tiempo suficiente. Alargaría alegremente la mano hacia Maureen y le diría: «Me encanta cuando entras así en ebullición, pero esta mañana no me va bien. ¿Qué te parece si lo dejáramos para la noche? Así pensaré en ti durante todo el día. Cuando llegue la noche, estaré loco por verte». Con esto, aceptaría los deseos sexuales de Maureen y confirmaría su interés por ella. En consecuencia, Maureen se sentiría probablemente fastidiada, pero no rechazada. El fastidio es mucho más fácil de soportar que el rechazo.

¿Se trata de una fantasía romántica o de una realidad romántica? De una realidad para las parejas que: 1) satisfacen y aceptan su lascivia; 2) permiten que el juego estimule su creatividad y dirija la comunicación entre ellas, y 3) recurren a imágenes sexuales positivas para conservar vivo el deseo. En otras palabras, precisamente lo que significa el sexo regido por el cerebro derecho.

Utilice la visualización siguiente para que le ayude a hacer intervenir su yo sexual lúdico y a considerar el lenguaje sexual como placentero.

El corralito gigante

Imagine que su lugar preferido para hacer el amor es un corralito infantil gigantesco. Meta en él todos los juguetes sexuales que le apetezcan. Ahora imagínese a usted y su pareja compartiendo sus juegos en ese corralito. Pídale a su amante que penetre en él y juegue con usted. No dejan de hablar mientras se prodigan caricias sexuales. Se provocan alternativamente el uno al otro diciendo lo que van a hacer para excitarle hasta el punto de que no sea capaz de contenerse. Hay una profusión de carcajadas cuando cada uno trata de encontrar algo todavía más excitante que lo dicho previamente. A medida que la diversión se intensifica, aumenta también el erotismo. Se siente usted lleno de vida, de interés y de excitación.

Resumen de los medios para hacer intervenir su yo sexual lúdico

1. Practique las visualizaciones de este capítulo, a fin de:

● Integrar juego y lascivia.

● Equilibrar mejor el juego y la productividad.

● Aprender a tolerar las diferencias individuales, convirtiendo a los enemigos en amigos.

● Considerar el lenguaje sexual como lúdico, no como sucio.

2. Sea consciente de las anclas que obstaculizan y de las anclas que ayudan y empléelas para incrementar su reacción sexual.

3. Recuerde la necesidad de una transición desde el cerebro

141

izquierdo al cerebro derecho, de concederse tiempo y de entregarse a actividades apropiadas. Cuanto más lúdica sea la actividad, mejor.

4. Disfrute y juegue con sus fantasías y ensueños.

5. Reduzca el miedo al rechazo adoptando un talante lúdico.

7. El placer, destinatario final

Si la lascivia es el combustible que infunde energía al instinto sexual, y el juego es el vehículo que nos conduce adonde queremos ir, entonces el placer es el destino final. El placer da significación a la vida. Sin él, nos sentimos vacíos y sin propósito. La anticipación del placer induce la motivación interna de buscar satisfacción a través del trabajo, el juego, el amor y la sexualidad. Como en el caso de la lascivia y el juego, todos nacemos con la capacidad de gozar de un gran placer. Desgraciadamente, también como en el caso de la lascivia y el juego, los múltiples escollos de la vida nos impiden alcanzar nuestro destino. Son muchas las personas cuya vida carece excesivamente de placer.

El placer es una sensación. Para experimentarlo tenemos que estar en conexión con nuestro cuerpo. Conocemos el placer sólo a través de los cinco sentidos. Por ejemplo, sentimos placer al *oler* una buena comida, al *ver* a alguien a quien habíamos echado de menos, al *sentir* el roce de algo suave contra nuestro cuerpo, al *oír* buena música y al *tocar* a alguien querido.

Ejercicio: Su lista personal de placeres

Haga una lista de las cosas que le causan placer. Piense verdaderamente durante algún tiempo en las experiencias simples, cotidianas, que le hacen sentirse bien. Quitarse los zapatos al terminar el día, por ejemplo. Una vez que haya hecho la lista, se dará cuenta de que es imposible definir el placer sin referirse a los sentidos. Redactar la lista no sólo le revelará hasta qué punto tiende a dar por seguros esos pequeños placeres, sino que aumentará su conciencia del grado en que depende de sus sentidos para la experiencia del placer.

¿Está usted en armonía con su cuerpo?

Puesto que el verdadero placer se asocia con el cuerpo, la experiencia del mismo exige abandonar el control consciente, a fin de que el cuerpo reaccione libremente. Sólo se experimenta placer mientras dura la sensación. Podemos anticipar el placer del sabor del chocolate, pero sólo lo sentimos cuando el chocolate está en contacto con nuestras papilas gustativas. Por lo tanto, el placer no depende de ninguna orden ni de la voluntad. Es algo que sucede por su propia cuenta, como puede decir cualquiera que lo haya preparado todo para conseguirlo. No ocurre nada. Para gozarlo, tenemos que rendirnos a él, ya que el placer se apodera de nosotros, no lo contrario.

Como todo placer, el placer *sexual* es una experiencia momentánea. Si dejamos que nuestra mente se aparte de las sensaciones que generan nuestro placer, el placer se desvanece. Por ejemplo, cuando uno está comiendo una chocolatina y algo le distrae ya no disfruta de la sensación del gusto. Lo mismo ocurre con el placer sexual. Las distracciones se interfieren con las sensaciones e inhiben el despertar fisiológico. Durante la actividad sexual, *el pensar, en lugar de limitarse a sentir, nos abstrae del momento*. Incluso el pensar, por ejemplo, en si nuestra pareja está gozando o no de la experiencia nos hace perdernos una serie de sensaciones placenteras.

¿Es usted capaz de rendirse al placer?

Aunque toda persona experimenta el placer de modo más o menos diferente, existen tres tipos de condiciones para lograr un mayor éxito cuando se trata de disfrutar del placer sexual. Dichas condiciones son las siguientes:

144

- La creencia en la propia capacidad para sobrevivir al dolor.

- La rendición al poder del placer.

- El equilibrio entre el propio placer y el deseo de complacer a los otros.

Estas tres condiciones se vinculan entre sí de manera circular. Veamos cómo se relacionan.

El continuum placer-dolor

Si el programa genético se desarrolla sin tropiezos, todo ser humano nace con la capacidad de captar sensaciones a través de sus cinco sentidos. Como ya he mencionado, los sentidos nos permiten experimentar placer. Lo que hace tan complejo el conjunto del proceso es el hecho de que esos mismos sentidos nos permiten también sentir dolor. El lactante, por ejemplo, experimenta la sensación de hambre como un dolor; la sensación de saciedad, como un placer. Y a causa de su estrecha asociación, la anticipación del uno puede hacer surgir inmediatamente la anticipación del otro.

No es difícil ver, gracias a este ejemplo, la facilidad con que podemos perder el control de nuestra necesidad de alimento. El hambre se manifiesta causando una sensación desagradable. Para evitar el desagrado, satisfacemos el hambre, sustituyéndolo así por el placer. Pronto empezamos a *anticipar* que el hambre provoca una sensación desagradable. Y si tenemos un margen escaso de tolerancia al dolor del hombre, evitamos inconscientemente la anticipación de ese dolor comiendo cuando no tenemos hambre o comiendo más de lo necesario como un medio de eliminar el dolor por anticipado. Cuanto más tratamos de evitar el dolor del hambre, menos lo toleramos y más anticipamos la necesidad de evitarlo. Se trata de un círculo vicioso que se sustenta a sí mismo. A veces, sin embargo, de manera contradictoria, nos privamos de comer, en un intento de «dominar el dolor antes de que él nos domine».

Lo mismo podemos hacer en lo que se refiere a la sexualidad. Durante la lactancia, las caricias sustentadoras nos causan mucho placer, su ausencia mucho dolor, un dolor que se traduce en un sentimiento de pérdida, abandono, frustración o humillación. Dado que son pocas las personas que han pasado por la lactancia y la niñez sin ninguna experiencia de pérdida o abandono, todos sentimos en cierto grado el miedo a volver a experimentar ese dolor. Las emociones dolorosas pueden invadirnos en un momento cualquiera de la vida, cuando perdemos a alguien a quien nos habíamos entregado, cuando ese alguien nos hiere o nos rechaza. Instintivamente, tratamos de evitar estas emociones dolorosas desconectándonos de nuestras sensaciones. Y al mismo tiempo, disminuimos nuestra capacidad de sentir amor, alegría y placer. Cuanto más huimos de las emociones dolorosas, más se reduce nuestra tolerancia al dolor. Si hemos pasado por una pérdida traumática o por muchas pérdidas, tenderemos a evitar el dolor no permitiéndonos entrar en contacto con otra persona. Saboteamos inconscientemente toda relación que amenace con convertirse en íntima. Preferimos «abandonar» a que nos abandonen.

A veces, hacemos también lo opuesto, buscando continuamente el placer a través de la actividad sexual frecuente y/o una multiplicidad de compañeros. Esa búsqueda se convierte entonces en compulsiva, ya que su motivación consiste en realidad en aliviar el dolor, no en sentir placer. El acto sexual actúa como una droga y, como ocurre con todas las adicciones, necesitamos rechazar cada vez más la anticipación del dolor, que se presenta inevitablemente cuando el efecto de la dosis se disipa. Ahora bien, la actividad sexual compulsiva proporciona, aunque sólo de momento, la suspensión del dolor, pero nunca placer. Así tenemos una actividad sexual muy intensa, pero muy poco satisfactoria. Y la búsqueda tiene que continuar.

Cuando no se debe a una enfermedad o un trauma, nuestra incapacidad de experimentar el placer sexual proviene de que nos es imposible abandonar el control consciente de nuestro cuerpo. Sin darnos cuenta, bloqueamos las sensaciones placenteras porque, en un nivel más profundo, tememos que, al hacerlo, abriremos también las puertas al dolor. Y somos muy listos al pensar así, pues eso es exactamente lo que ocurrirá. *Para sentir placer, tenemos que aceptar el riesgo de sentir también dolor.* Por muchas vueltas que le demos, no hay forma de eludir este axioma. Morris es un ejemplo de quienes aprenden la lección de la manera más dura.

Morris destruía sin advertirlo su placer después de haber perdido a su mujer en un accidente de automóvil. Jennifer era la segunda esposa de Morris y el amor de su vida. La adoraba. Diez años más joven que él, era hermosa, elegante y atractiva. Admiraba además la fortaleza de su marido. Después de once años de matrimonio y cuando tenía treinta y seis, tuvo un horrible accidente que la dejó en coma. Se consumió poco a poco durante un año, hasta que la muerte la liberó de su dolor. Pero Morris no se liberó del suyo. Quedó deshecho. Ver morir a Jennifer fue la pena más horrible que había sufrido en su vida. Los sentimientos de pérdida, abandono, frustración y desesperanza fueron sus compañeros constantes mientras Jennifer permaneció en la «antecámara de la muerte». No le abandonaron cuando ella murió.

Le conocí dos años después de la muerte de su mujer. Había pasado aquellos dos años completamente encerrado en sí mismo. Un amigo le había acosado sin descanso durante meses para que saliese con una amiga suya. Aunque sin gran entusiasmo, Morris acabó por aceptar una cita a ciegas. La mujer resultó ser extraordinaria. Lo mismo que Jennifer, era mucho más joven que él y, además, elegante y atractiva. Rápidamente demostró gran admiración por las cualidades de Morris. Salieron juntos durante seis meses, sin tener ningún contacto sexual. Cuando por fin decidieron hacer el amor, Morris fue incapaz de tener una erección de cierta consistencia. Al principio, hubo veces en que dio la impresión de que todo iba bien, pero, a medida que la relación progresaba y Morris se iba interesando cada vez más por su nueva pareja, aumentaron los fallos en la erección.

En nuestras primeras sesiones, Morris me habló mucho de Jennifer. Se refirió también a que sus nuevas relaciones le habían salvado de la autodestrucción. Aseguró que estaba enamorado y que no comprendía por qué no era capaz de amar sexualmente igual que amaba emocionalmente. Creía que por fin había dejado atrás el dolor por la muerte de Jennifer. No era consciente, sin embargo, de que ese dolor se había alojado en su inconsciente, donde se escondía ahora tras la máscara del miedo. Como alguien que se ha quemado alguna vez y para quien el fuego significa dolor, para Morris el compromiso total con otra mujer representaba su vulnerabilidad a un nuevo dolor.

147

Trataba de convencerse a sí mismo para superar el miedo, pero su inconsciente se interponía, protegiéndole del único modo que sabía. Su inconsciente se comunicaba con él a través de su cuerpo. Si pudiese traducir su mensaje en palabras, diría: «Todavía no estás preparado para comprometerte, y no actuaré como tu servidor mientras no te enfrentes con tu miedo. No te permitiré el placer hasta que seas sincero contigo mismo».

Morris necesitaba aceptar la posibilidad de experimentar de nuevo la pena y el sentimiento de pérdida y abandono que la acompaña, no huir de ella. Necesitaba ser capaz de imaginarse a sí mismo lo bastante fuerte para recoger los escombros de su devastación y sobrevivir con éxito a la pérdida de otra relación amorosa. No porque estuviese seguro de que iba a suceder así, sino porque, de no enfrentarse a esa posibilidad, continuaría siempre dominado por el miedo inconsciente al dolor, con su consecuencia, la incapacidad de sentir placer.

Sirviéndonos de la visualización, Morris y yo trabajamos tenazmente con imágenes suyas en que aparecía lo bastante fuerte como para soportar cualquier golpe que la vida pudiera asestarle, incluyendo la posibilidad de perder a su tercera esposa. Gradualmente, empezó a aceptar un hecho nada atractivo: no hay ninguna garantía de que nuestro amor no nos abandone. En lugar de vivir con el miedo al abandono, empezó a vivir en el presente. Olvidó la ilusión de que se protegería a sí mismo no participando plenamente en una nueva relación. Al vivir en el presente, volvió a sentir placer, y sus erecciones se reanudaron.

Un test personal: ¿En qué medida es usted vulnerable?

Dado que el miedo a no ser capaz de sobrevivir al dolor del abandono es universal, pensar en las pérdidas que sufrió en el pasado le ayudará a determinar su vulnerabilidad a ese miedo. Cuantas más pérdidas haya tenido, mayor será su vulnerabilidad. Sin embargo, una sola pérdida, si ha sido muy traumática, basta para hacer a una persona muy vulnerable. No se asigna ninguna puntuación en este test, pero le dará una idea acerca de su grado de miedo al abandono.

Hágase a sí mismo las preguntas siguientes

1. ¿Perdí de niño a uno de mis padres o a un padre adoptivo por muerte, divorcio o abandono?
2. ¿Perdí de niño a un abuelo por muerte o por divorcio? ¿A un hermano?
3. ¿Perdí después de la niñez a uno de mis padres, a un abuelo o a un hermano?
4. ¿He perdido por muerte a algún amigo íntimo?
5. ¿He perdido a mi cónyuge por muerte o por divorcio? ¿Cuántas veces?
6. ¿Cuántas de mis relaciones íntimas que debieran ser a largo plazo no han perdurado?
7. ¿He perdido algún hijo por muerte o matrimonio?
8. ¿He salido perdedor alguna vez en un pleito judicial?
9. ¿Había mucha rivalidad entre los hermanos en el seno de mi familia? ¿Mis padres demostraban preferencia por alguno de mis hermanos?
10. ¿Me sentí realmente querido durante la infancia?

La cuestión está en que es imposible escapar a las pérdidas. Forman parte de la vida. A veces, el dolor por esas pérdidas crea la ilusión de que no podremos sobrevivir a ellas. Recuerde alguna época de su vida en que perdió a alguien a quien quería de verdad, quizá un padre, un novio o un cónyuge. En aquel momento, su pena era tan grande que no se creía capaz de terminar el día. No obstante, al ir pasando el tiempo, el dolor cedió y usted siguió viviendo. Superó la experiencia. Conocer y creer en el propio poder de supervivencia determina la capacidad de abandonarse al placer, sin miedo al dolor.

Utilice la visualización siguiente para que le ayude a conocer su poder de supervivencia y su capacidad de recuperarse del dolor.

La recomposición del huevo roto

Imagine que un ser querido le ha abandonado. Tiene la impresión de que su cuerpo se ha roto en mil pedazos, que yacen ahora esparcidos por todo el lugar. Le es imposible pensar o tomar la menor de las decisiones, porque no puede juntarlos. Al contemplar a su alrededor las partes fragmentadas de sí mismo, se siente abrumado por la devastación y el dolor. Esta sensación de agobio le roba toda energía y, por consiguiente, carece de motivación para recoger las piezas. Teme que nunca será capaz de pegarlas para que recobren su composición original.

De pronto, a lo lejos, ve una parte de sí mismo que reconoce. Sabe exactamente dónde colocarla. Con un gran esfuerzo, se dirige hacia ella, la recoge, la encola y la pega en su lugar. Al hacerlo, siente como un ligero aumento de energía. Ve luego otra parte de sí mismo que reconoce y se apresura a colocarla. Su energía se redobla. Se da cuenta de que, con tiempo y paciencia, logrará reunirlas todas. Lo que necesita es irlas pegando una a una, a fin de que la tarea no le abrume. Concédase períodos de descanso si lo considera preciso. Poco a poco, las piezas van formando una imagen de su yo original. Al recoger el último trozo y pegarlo en su lugar, advierte que ha llevado a cabo un trabajo tan perfecto que parece como si nunca hubiera estado dividido. Se da cuenta de que no importa lo deshecho que se sienta después de una pérdida. Será capaz de recoger los fragmentos de sí mismo y continuar adelante. No será algo por lo que pase de buena gana, pero tampoco le inspirará un miedo tal que le destruya permanentemente.

El poder y el placer son el aceite y el vinagre de una sexualidad plenamente satisfactoria

Para la mayoría de nosotros, las imágenes y supuestos asociados con el poder son antitéticos del placer. Veamos por qué.

● El poder exige mantener el control; el placer significa dejarse ir.

● El poder significa conciencia de sí mismo; el placer significa abandonar la conciencia de sí mismo.

● El poder significa tener razón contra no tenerla; el placer no necesita perdedores.

● El poder significa reconocimiento; el placer no hace distinciones.

● El poder prefiere la fuerza a la debilidad; el placer desconoce la diferencia entre ambas.

● El poder se orienta hacia un objetivo; el placer es improvisado.

La necesidad de poder personal se opone al disfrute de la sexualidad

Una persona que necesita imaginarse como poderosa en las relaciones íntimas encontrará que el placer sexual se le escapa. Aunque existen muchas situaciones en la vida en que ejercer el poder resulta adecuado, la sexualidad no es una de ellas. Pero hay personas a las que les resulta difícil aprender a dejar fuera del dormitorio las cuestiones de poder. Richard no lo ha conseguido todavía, y su necesidad de poder se expresa en un deseo de controlar las situaciones sexuales.

Richard es propietario de la compañía que dirige. Rico, autoritario, pero también encantador, la gente se siente atraída por él porque obtiene todo lo que quiere en la vida sin tener que imponerse o mostrarse rudo. En consecuencia, las mujeres hermosas parecen echársele en los brazos. Llevaba muchos años casado, aunque no siempre había sido fiel. Los encuentros sexuales con su mujer nunca habían sido gran cosa, ya que Richard padecía un problema de eyaculación precoz. Raras veces lograba prolongar el coito más allá de un minuto sin eyacular. Sus orgasmos eran casi siempre muy mitigados, y los de su mujer, inexistentes. Cuando ésta pidió el divorcio, abandonándole por otro hombre, le dijo que uno de los motivos de que le dejase era el hecho de que «no valía nada como amante».

Esto supuso para él el colmo de la humillación. Estaba acostumbrado al éxito en todos los aspectos de la vida. ¿Cómo era posible que no obtuviese lo que quería desde el punto de vista sexual? Cuando empezó a salir con mujeres después del divorcio, recibió el último golpe en materia de humillación: la impotencia. Su solución consistió al principio en dejar de salir con la mujer de turno y pasar a la siguiente. Pronto, sin embargo, estuvo claro, incluso para el propio Richard, que necesitaba ayuda. Fue entonces cuando vino a mi consulta.

Richard acudió a verme con el pretexto de que quería ser capaz de «quedar bien» en las situaciones sexuales casuales. Muchos de sus amigos parecían serlo, ¿por qué no él? No le interesaba el matrimonio en este momento de su vida y disfrutaba saliendo con varias mujeres distintas. No obstante, la gran incomodidad que le causaba su fracaso sexual se estaba intensificando hasta el punto de rozar la paranoia. Richard no se había enfrentado jamás al fracaso. En el pasado, lo había convertido en éxito gracias a su perseverancia y a un duro trabajo. Pero en lo que se refería al sexo, cuanto más lo intentaba, peor parecían salir las cosas.

Las opiniones de Richard acerca del sexo eran típicas de muchos hombres adultos. Su asociación entre la sexualidad varonil y la masculinidad se basa en imágenes de conquistas, logros y hazañas. Algunos hombres, como los amigos de Richard, parecen lograr con éxito esta mezcla. Otros hombres que piensan igual que ellos aplauden sus hazañas. Ahora bien, el placer que experimentan se reduce a la repetición mecánica del orgasmo. Saben muy poco de las recompensas de la sensualidad sustentadora. Los hay dispuestos a pagar este precio a cambio de algo que les parece más valioso: otra muesca en la culata. La mayoría de ellos, sin embargo, sólo tratan de eludir la posibilidad del dolor no comprometiéndose. Otros, como Richard procuran imitar el despego sexual del placer mecánico, pero sus cuerpos les traicionan.

Exactamente lo mismo que en el caso de Morris, el inconsciente de Richard hablaba a través de su cuerpo. Intentaba decirle que necesitaba relajarse durante el sexo, dejar de dar caza al placer, olvidar las posibles hazañas y concentrarse en las sensaciones del momento, en lugar de fijarse el objetivo de la erección. En otras palabras, tenía que abandonar su deseo de ejercer el control y permitir que fuese la mujer la que controlase su placer, un riesgo que nunca se había atrevido a correr.

Trabajé con Richard sobre su asociación de imágenes. Era importante para él armonizar la fuerza y la masculinidad con otras imágenes que no fuesen las de llevar siempre las riendas. Se imaginó a sí mismo como un gatito al que acarician. Al hacerlo, dijo que se le venía a la cabeza una sensación de debilidad. El gatito le parecía frágil y desvalido. Hice entonces que se imaginase como un león, un «rey de la jungla», al que acarician. La imagen del león le ayudó a comprender intelectualmente que podía preservar el poder aunque se portase con sumisión en ciertas ocasiones. El placer sexual requería sólo un abandono *momentáneo* del poder.

Aunque le pedí que no intentase el coito durante la terapia, Richard ignoró mi recomendación. Para él, esquivar la actividad sexual equivalía a eludir el problema. Y no estaba habituado a huir de los problemas. «Sólo los cobardes se asustan de su propia sombra.» No obstante, en cada situación sexual, fue incapaz de relajarse y aceptar la estimulación. Instintivamente, esperaba tomar la dirección, no comportarse como un simple recipiente pasivo. Actuar de otra manera le hacía sentirse incómodo. Era incapaz de tolerar la sensación de indefensión y, por consiguiente, hacía lo que había hecho siempre en el pasado, cuando se sentía poderoso: intentaba controlar la situación. Y como no conseguía renunciar a la preocupación por sí mismo, sus receptores del placer fallaban. Seguía siendo impotente.

Le dije entonces que visualizase una cita en que el hombre se sintiese obligado a impresionar a la mujer invitándola al restaurante más elegante y más caro de la ciudad. Absorto así en la necesidad de complacer a la mujer, su preocupación se centra en saber si ella está o no satisfecha. Su atención se dirige hacia el servicio, los platos, la temperatura y todos los demás detalles que podrían suponer un obstáculo y hacer la experiencia negativa. Se preocupa tanto por la opinión de ella que ni siquiera piensa en su propio placer. Le es imposible recordar lo que ha comido, y mucho menos el gusto que tenía. Richard comprendió muy bien esta analogía. Se había sentido así durante años de eyaculación precoz.

Por fin, conoció a una mujer que le interesaba realmente y empezó a salir sólo con ella. Después de varias semanas, en lugar de huir de la relación, soportó la fase aterradora y humillante de no lograr erecciones. Una vez pasada esta fase, empezó a relajarse. Su necesidad de «cumplir» disminuyó y se iniciaron las erecciones. Incluso el problema de la eyaculación precoz desapareció. Cuando llevaban dos meses de relaciones, le pidió que se casase con él. Ella aceptó. Pero al cabo de dos meses de noviazgo, Richard rompió el compromiso. No estaba preparado para el matrimonio, dijo. De nuevo empezó a salir con una serie de mujeres y de nuevo empezó a tener problemas con las erecciones.

Al llegar a este punto, Richard abandonó la terapia. Las visualizaciones no le dieron resultado porque su temor a sacrificar su masculinidad si dejaba de detentar el control le impedía poner en práctica las nuevas imágenes. Hasta que le sea posible imaginar una coexistencia pacífica entre el dejarse ir y la fuerza varonil, le seguirá siendo difícil experimentar sensaciones placenteras. Y la impotencia continuará formando parte de su vida.

La lucha por el poder entre dos personas interfiere en la actividad sexual

A muy pocos de nosotros nos gusta que nos digan lo que tenemos que hacer. Aunque no nos demos cuenta, que nos digan lo que tenemos que hacer nos recuerda los tiempos de nuestra niñez, los tiempos en que recibíamos órdenes sin cesar: lávate la boca, tómate la leche, date prisa, no corras, no cruces la calle, ponte la chaqueta, dale un beso a la tía Carmen, etc., etc. Se ha llevado a cabo un estudio según el cual el término medio de los niños en edad preescolar reciben más de doscientas órdenes diarias. A veces nos rebelamos y resistimos, pero sólo en la adolescencia nos mostramos francamente rebeldes. «¡No me digas lo que tengo que hacer!», protestamos.

Desgraciadamente, esas experiencias tempranas del control sientan las bases para las luchas futuras por el poder en nuestras relaciones. Nuestra capacidad de colaborar con el otro cuando formamos con él una pareja depende de lo sensibles que seamos a nuestras primeras experiencias, cuando se nos decía lo que debíamos hacer. Según la fuerza con que nos debatimos de niños para conquistar la autonomía, tenemos un grado bajo, medio o alto de tolerancia a los conflictos generados por las cuestiones de poder. Por ejemplo, ¿en qué medida se nos permitió elegir nuestra propia ropa durante la infancia? ¿Pude vestirme a mi gusto desde muy pronto o la elección correspondía a un adulto? ¿Y qué ocurrió en la adolescencia? ¿Me dejaron mis padres crearme mi propio estilo? Piense en los años de su desarrollo. ¿Le alentaron sus padres para que pensase y actuase de manera independiente, autónoma? Si no lo hicieron, descubrirá que tiene una gran necesidad de controlar a los demás, lo mismo que le controlaron a usted cuando era niño.

Los problemas del poder entre las parejas se expresan muy a menudo en una batalla por determinar quién tiene razón y quién no la tiene. Tener razón supone una validación de nuestro yo y es una posición ofensiva; no tenerla se convierte así en la posición defensiva. Eso crea una situación de ganador/perdedor, en el que el perdedor siente la necesidad de abrirse camino hasta la cima mediante la destrucción del ganador. El ganador disfruta secretamente de su poder y busca los medios para mantener relegado al perdedor en la posición defensiva.

El placer sexual no puede existir en una atmósfera de conflicto entre ganador y perdedor. Como recordará haber leído en el capítulo sobre el juego, es lógico que no nos sintamos seguros cuando nos sentimos vulnerables frente a nuestros enemigos. No nos es posible bajar la guardia —ni siquiera en el dormitorio— porque el enemigo nos aventajará. Por lo tanto, nos mantenemos bien conscientes y dispuestos en caso necesario. Y como la experiencia de las situaciones placenteras exige el abandonarse, las luchas por el poder entre las parejas eliminan el placer sexual.

Marge y Henry no son un caso único en sus esfuerzos por llevarse bien. Marge es comunicativa, optimista, sensible, emocional y de reacciones rápidas. Henry es lógico, estoico, pensativo y poco imaginativo. Marge y Henry tienen cuatro hijos, que se llevan dos años uno de otro. Reina en su casa un caos perpetuo. Henry trabaja durante muchas horas y deja que Marge se entienda con los críos la mayor parte del tiempo.

Marge tuvo una infancia muy desdichada. Su madre le parecía una mujer rígida y fría. Su padre, que permanecía casi siempre ausente, murió cuando ella tenía diez años. Henry provenía de una familia numerosa, de cinco hijos. En su casa, se imponía el orden de forma dictatorial. Por separado, ambos estaban destinados a tropezar en el futuro con problemas a causa de la lucha por el poder. Juntos, era de esperar que se produjera el desastre.

Marge se muestra cariñosa, cooperativa y entregada a sus hijos… Es decir, hasta que se le acaba la paciencia. En ese momento, explota. No es infrecuente que pierda el dominio de sí misma y castigue a los niños cuando éstos se vuelven incontrolables. Cuando Henry regresa a casa, ya bien avanzada la noche, encuentra muchas veces a uno o dos de sus hijos sujetos a alguna restricción. Seguro de que ella exagera, habla pacientemente con el castigado, explicándose y razonando con él. A veces, olvida las reglas y perdona al culpable. Luego, cuando la casa se ha calmado e intenta hacer el amor con Marge, se encuentra con una mujer desdeñosa, airada, dispuesta a la confrontación.

Cuando Marge y Henry acudieron a mí en busca de consejo, llevaban meses sin ningún contacto sexual. Como era característico en cada uno de ellos, Marge me contó su historia llorosa y arrepentida, mientras que Henry relató la suya sin emoción, más como un observador que como un participante en el drama. Aludió a sus facultades superiores como padre y se jactó sutilmente de ser capaz de obtener de los niños cuanto quisiera, mientras que las órdenes de Marge suscitaban siempre un conflicto.

Marge no estaba orgullosa de su carácter explosivo, pero aun así defendió su postura frente a los niños. En realidad, le gustaría parecerse más a Henry, ser más paciente y razonable, pero admitir que estaba equivocada equivalía a declararse vencida en su lucha de voluntades. La suficiencia de Henry en cuanto a su propio estilo intensificaba todavía más la cólera de su mujer, así que se mantenía en sus trece y discutía por conservar una posición en la que no creía.

Mientras continuasen apoyándose en la estrategia de quién tiene razón, su actividad sexual estaba destinada a ser la perdedora. No era fácil conseguir que aquellos dos abandonasen sus respectivos rincones y se estrechasen las manos, pero ésa fue la imagen con la que les pedí que trabajasen. Tenían que visualizarse a sí mismos como un equipo que colabora con vistas a un objetivo común, no el uno al otro como un enemigo al que es preciso aplastar.

Cuando le dije a Marge que visualizase su naturaleza explosiva como un animal, se le ocurrió la imagen de un dragón escupiendo fuego. No es extraño que se pusiese a la defensiva. Y no es extraño que fuese incapaz de controlarse. Había dotado a ese animal de una fuerza invencible y, al mismo tiempo, lo consideraba maligno. Se sentía inerme para dominar un monstruo semejante. Le dije que transformase el dragón escupiendo fuego en una hormiga. Protestó al principio. Odiaba su carácter y pensaba que, si dejaba de odiarlo, nunca cambiaría. Le expliqué que tenía que verlo como algo menos formidable, de lo contrario nunca saldría de su callejón sin salida. Si no lo odiase tanto, se sentiría menos culpable de que formase parte de su ser y le sería posible controlarlo.

Le pedí luego a Henry que se visualizase flexionando los músculos en compañía de Marge. Cuando le pregunté lo que veía, contestó: «Marge está a mis pies». Esta imagen le sorprendió y le dejó confuso. No se había dado cuenta de que disfrutaba imponiéndose a su mujer. Por primera vez, advertía que, sin saberlo, estaba contribuyendo a la posición defensiva de Marge porque le gustaba ocupar la posición ofensiva, dominadora.

Cuando Marge sintió menos culpabilidad a causa de su mal carácter y cuando la necesidad de Henry de sacar ventaja de esta culpabilidad empezó a desvanecerse, pudieron considerarse como un equipo y no como jugadores individuales, buscando cada uno el reconocimiento a expensas del otro. Ahora parecía posible que Marge se mostrase más vulnerable sexualmente con Henry, que había dejado de ser su oponente para transformarse en su compañero.

Dado que todos hemos sufrido pérdidas en nuestra vida y necesitamos sentirnos poderosos, no nos es fácil abandonarnos. El mundo se presenta muchas veces a nuestros ojos como una jungla, exigiendo que nos mantengamos sin cesar en pie, siempre preparados para defendernos de los posibles peligros. Ahora bien, lo mismo que sucede con la culpabilidad y la lascivia, el miedo y el placer no pueden coexistir. Tenemos que admitir el desconectar nuestro «radar» si queremos disfrutar del placer sexual. Utilice la visualización siguiente para que le ayude a rendir temporalmente el poder frente al placer.

Los vientos de la guerra... y de la paz

Imagine que es usted el viento. Siendo el viento, tiene el poder de soplar furiosamente, de permanecer en calma o de hacer algo intermedio entre estas dos cosas. Elige ahora soplar con toda su fuerza, y su potencia parece indomable. Es usted una fuerza que no puede ser ignorada. Ahora bien, mantener toda esa fuerza en juego exige un gran gasto de energía. Necesita un descanso. De pronto, deja de soplar y permite que reine una calma que crea una paz relajadora. Se da cuenta de que, en cualquier momento en que lo desee, puede recuperar su poder y soplar con fuerza de nuevo, o puede ser un viento moderado, dependiendo de lo que usted precise. Pero ahora está contento de disfrutar de la serenidad aportada por la calma. Permanecer en calma requiere poca energía, lo que le permite ponerse en armonía con cuanto le rodea y absorberse en las bellezas que ofrece la naturaleza. No hay necesidad de que demuestre constantemente su esfuerzo, ya que confía en su poder inherente y sabe que le está esperando para cuando lo desee.

El gran acto de equilibrio: el placer propio contra el deseo de complacer al compañero

El mundo del lactante es semejante al de los liliputienses: diminuto, indefenso y rodeado de gigantes que controlan sus experiencias de placer y de dolor. Cautivo de este mundo, el niño sabe instintivamente que le conviene complacer a los gigantes. Aprendemos muy pronto en la vida que complacer a los otros constituye nuestro bono de supervivencia. Al mismo tiempo, somos criaturas muy pequeñas, que quieren recibir una gratificación inmediata. Todo nuestro mundo está regido por los sentidos. No sabemos nada de la paciencia. Queremos lo que queremos y lo queremos ahora. Y gritamos con todas nuestras fuerzas hasta que lo obtenemos.

Yuxtapongamos estos dos aspectos y nos encontraremos en equilibrio sobre un delgado alambre entre nuestra necesidad de placer y nuestra necesidad de complacer. Al principio, nuestra inocencia inclina la balanza en favor de nuestra necesidad de gratificación inmediata. Después, al ir madurando, los juegos malabares con esas dos exigencias opuestas se intensifican, porque ahora sabemos que se espera de nosotros que tengamos paciencia. No es un acto de equilibrio fácil.

Y en ningún aspecto resulta más precario ese equilibrio que en la actividad sexual de la pareja. No existe nada en el universo que exija en el mismo instante estar exquisitamente en armonía *tanto* con nuestra necesidad de placer como con nuestra necesidad de complacer. Déjese llevar demasiado lejos en la dirección del placer y caerá en la red del egoísmo. Déjese llevar demasiado lejos en la dirección de la complacencia y perderá la capacidad de disfrutar de las sensaciones placenteras.

Jan es un ejemplo de persona incapaz de equilibrar esos dos requisitos opuestos. Hija única de un político dinámico y de una madre mundana, ella era la luz que iluminaba la vida de su atareado padre y se recordaba a sí misma saltando sobre sus piernas cuando al fin regresaba a casa por las tardes. Le adoraba y le encantaba ser capaz de conquistarle con su coquetería. Conseguía de él cuanto quería..., mientras no dejase de ser la niña dulce y buena que esperaba. Cuando Jan se comportaba mal, se volvía de hielo, y un escalofrío recorría la espina dorsal de

159

la pequeña. Jan aprendió muy bien la lección de cómo complacer.

En su matrimonio con Robert, repitió sin advertirlo la misma pauta. Sentía una gran necesidad de ser una esposa perfecta, amante. A cambio, Robert la adoraría, como si hubieran firmado un contrato de familia. En la mayoría de los aspectos de su vida, funcionaba bien. Sexualmente, sin embargo, planteaba un problema. Jan no era capaz de tener orgasmos. De hecho, jamás había tenido un orgasmo con un hombre. Cuando vino a mi consulta, su problema la tenía perpleja. Estaba orgullosa de sus relaciones con Robert y consideraba su matrimonio como superior a la mayoría. No parecía haber ninguna razón para que no disfrutase del sexo lo mismo que hacían sus amigas (menos felizmente casadas que ella).

Jan no comprendía que lo que obstaculizaba su placer era su excesiva necesidad de concentrarse en el placer de Robert. Más aún, negaba que se esforzase demasiado por complacer. Ella lo veía de otra manera. Se tenía por una amante excelente y contaba con testimonios masculinos que lo demostraban. Estaba tan acostumbrada a ser eficaz con los hombres que nunca se le ocurrió que había otros modos de hacer el amor.

Robert contaba una historia muy diferente. Notaba que Jan no se relajaba por completo durante su encuentro. Le admiraba ver su generosidad como amante y su deseo de hacerlo todo por él, pero quería que le diese la oportunidad de hacer lo mismo por ella. Jan no se lo permitía. En opinión de Robert, su manera de hacer el amor era unilateral y le hacía sentirse egoísta. Recientemente, había advertido que cada vez le resultaba más difícil excitarse. Jan se sorprendió ante esta versión de Robert. Afirmó que nunca le había oído decir nada semejante. «Sí te lo dije —repuso Robert—, pero no me escuchaste.»

Jan no parecía aún convencida, así que le señalé una tarea para casa. Robert tenía que pasar veinte minutos complaciéndola eróticamente. No debían llegar al coito. La participación de ella consistía en no hacer nada, en limitarse a disfrutar y dejar que las imágenes acudiesen libremente a su mente. Cuando volvieron a la semana siguiente, Jan empezaba a entrever la luz. Había encontrado muy difícil el recibir. Todo el tiempo que Robert pasó acariciándola se sentía impulsada a tocarle. No lograba concentrarse en las sensaciones placenteras ni conseguía excitarse.

En su lugar, le venían a la cabeza imágenes de icebergs. El ejercicio dio en el blanco, y Jan se mostraba ahora más abierta a la idea de trabajar sobre algunas creencias muy profundas respecto a su necesidad de complacer y las consecuencias de no complacer.

El iceberg era, claro está, un vestigio de la reacción de su padre a toda manifestación de su yo no complaciente. Para hacerlo desaparecer, trabajamos primero con imágenes del iceberg derritiéndose mientras Robert la acariciaba. Luego pasamos a otras imágenes en que Robert disfrutaba en complacerla. Jan necesitaba creer que su marido seguiría queriéndola aunque no se comportase como la chica complaciente y buena que su padre esperaba que fuese. Poco a poco, empezó a sentirse más a gusto al permitir que su marido le procurase placer. El coito seguía estándoles prohibido, pero podían entregarse a cualquier otro placer. Por primera vez en su vida, Jan tuvo un orgasmo con un hombre. Era un progreso importante e indicaba también el camino hacia el placer mutuo durante el coito.

Si tiene problemas para guardar el equilibrio entre su placer y su necesidad de complacer, lleve a cabo la visualización siguiente.

Bailar como un solo ser

Usted y su pareja se hallan en una pista de baile, pero no han empezado todavía a bailar. La orquesta está tocando su música favorita, una pieza lenta. En lugar de dar por supuesto que es el hombre quien debe conducir, se miran a los ojos y convienen en que lo harán por turno. Rodean cada uno el pecho del otro con los brazos y empiezan a ondular y a moverse al son de la música, alternando fácilmente entre ambos la dirección del vaivén. No parece importarles que no haya nadie que se imponga. El control pasa de modo natural del uno al otro. Al no preocuparse de quién toma la iniciativa, son libres de concentrarse en la música y en el placer que les proporciona. Son capaces de eliminar cualquier

distracción y de concentrarse en la agradable melo-
día y el contacto erótico con el cuerpo de otra perso-
na. Empiezan a sentir que sus cuerpos se fusionan.
Ahora se mueven como si fueran uno solo. Al for-
mar una sola persona, no hay decisiones que tomar
acerca de quién lleva la dirección. Los cuerpos se
deslizan juntos, ascendiendo en espiral hacia un clí-
max en que la música llega a su fin.

Placer, juego, lascivia y aburrimiento

El placer y el juego tienen muchas cosas en común. Por ejemplo:

- Ambos requieren renunciar a la conciencia de sí mismo.

- Son expresiones espontáneas del yo.

- Nos sustentan hasta tal punto que nos sentimos reaprovisionados para continuar nuestro camino.

- Evitan que haga su aparición el aburrimiento.

Aquellos de nosotros que sabemos cómo jugar verdaderamente sabemos también cómo experimentar placer. El juego y el placer marchan juntos, de la mano. Cuando se les une la lascivia, tenemos el gran amor sexual. Esos tres compañeros, juego, placer y lascivia, dan una significación a nuestra vida. Nos permiten seguir interesándonos por ella a pesar de las dificultades, los fracasos, las pérdidas dolorosas y los fallos.

El sexo pierde su brillo cuando esos tres amigos desaparecen de nuestra vida. Los tres son función del cerebro derecho y necesitan un gasto de energía para mantenerlos vivos en un mundo que exige una actividad excesiva del cerebro izquierdo. La visualización constituye un medio efectivo para conservarlos en el primer plano de la vida.

8. Cómo aprender a amar

Lo que cuenta es sentirse amado

Mi concepción del amor en conexión con la sexualidad difiere ligeramente de lo que piensa la mayoría. No considero como esencial para una actividad sexual verdaderamente extraordinaria el estar enamorado, sino el *sentirse* amado. Sentirse amado es sinónimo de sentirse en seguridad. Cuando nos sentimos amados, nos sentimos a la vez respetados por lo que somos y libres del miedo al abandono. Sintiéndonos respetados y no temiendo ya el abandono, somos menos vulnerables a los golpes y, por lo tanto, podemos dar y recibir libremente el contacto íntimo, la lascivia, el juego y el placer, elementos esenciales de toda relación sexual realmente grande, duradera y satisfactoria.

La sensación de sentirse amado no es estática. En toda relación, fluctúa con los altibajos naturales de la misma. Si hemos discutido recientemente, por ejemplo, nos sentiremos menos amados y, por consiguiente, más sujetos al miedo al abandono. La mayoría de nosotros no somos conscientes de nuestro sentimiento de inseguridad. Somos conscientes, en cambio, de que no estamos propicios al encuentro sexual. Cuando las parejas vienen a verme en busca de una terapia, su problema se centra lógicamente en el sexo. Los problemas sexuales son tangibles. Pueden ser observados. El sentimiento de inseguridad es abstracto y mucho más difícil de articular.

Resulta difícil dar o recibir desde el punto de vista sexual cuando nos sentimos amenazados o inseguros. Consecuentemente, el deseo crece o se desvanece, dependiendo de hasta qué punto nos sentimos seguros de ser amados. En el caso siguiente, la reaparición de una antigua novia creó un sentimiento de inseguridad y una pérdida del deseo sexual.

Justine vino a verme hecha un mar de lágrimas porque no deseaba en absoluto a su marido. Anhelaba ardientemente recuperar aunque no fuese más que un poco de su pasión sexual. Sin embargo, cada vez que llegaba el momento, era incapaz de responder ni siquiera mínimamente. En sus relaciones previas, se había mostrado muy apasionada. Sabía que dependía de ella, pero no lograba descubrir lo que pasaba en su interior. Dado que su marido seguía deseándola, estaba convencida de que el problema era sólo suyo y que él no tenía nada que ver en la cuestión.

Justine continuó confusa acerca de su falta de reacción sexual hasta que revisamos en detalle los acontecimientos recientes de su vida. Recurriendo a la visualización, le pedí que imaginase que había una pared frente a ella. La pared representaba el bloqueo sexual que padecía. Le dije luego que imaginase un cuadro en la pared y que me explicase lo que veía. Lo que le vino a la cabeza fue una cara de mujer. Al principio, no podía identificarla, pero, al concentrarse, se dio cuenta de que pertenecía a una antigua novia y colega de su marido. La mujer había vuelto hacía poco a la región, después de haber vivido varios años fuera, y había empezado a trabajar de nuevo con su marido.

Hasta esta visualización, Justine pensaba que los celos que ella le inspiraba habían desaparecido. No se le había ocurrido que la presencia de esa mujer pudiera tener algo que ver con su falta de deseo sexual por su marido. Su reaparición había despertado en ella sentimientos de inseguridad y la había llevado a interrogarse sobre el amor que su marido le profesaba. Sin que lo advirtiese, su miedo al abandono se agitó y cerró el paso a su deseo sexual.

Una vez que Justine comprendió que era ella misma quien inhibía su deseo, pudo hablar de ello con su marido. Y al tranquilizarla éste, afirmando que su antigua novia ya no le interesaba, empezó a sentirse segura de nuevo de su amor, y el deseo sexual retornó poco a poco.

Activo contra pasivo: el enamoramiento y el amor

Enamorarnos es algo que *nos* sucede. Amar es algo que hemos de *hacer* que suceda. El primer verbo es pasivo, el segundo activo. Amar nos exige un gran esfuerzo. Se precisa una energía tremenda para aceptar y respetar continuamente a otra persona. Dado que son imperfectos, nuestros compañeros, de manera inevitable a veces, nos disgustan, nos frustran, nos encolerizan e incluso nos rechazan. Para amar, hay que estar dispuesto a perdonar a nuestra pareja por no ser siempre exactamente como querríamos que fuera. Debemos ser también capaces de continuar dando aunque las cosas no marchen siempre sobre ruedas. Y en compensación, necesitamos que nuestra pareja haga lo mismo por nosotros.

Piense en el amor como si se tratase de dinero guardado en un banco. Si cada miembro de la pareja mete a diario en el banco «algún dinero del amor», pese a todas las dificultades que puedan oponerse, la cuenta aumentará muy de prisa. Cuando vengan los malos tiempos, actuará como un amortiguador para parar el golpe. En cambio, si cada miembro de la pareja espera que sea el otro el que meta dinero en el banco, la cuenta aumentará lentamente o no aumentará en absoluto. Y en los momentos difíciles, no contarán con reservas.

Problemas cotidianos de relación que impiden una sexualidad sana

Las visualizaciones pueden ayudarnos a dar y a perdonar en mayor medida. Gracias a las visualizaciones, es posible convertir más rápidamente una situación negativa en positiva. Las imágenes creadas contribuyen a que adoptemos una perspectiva diferente en cuanto al problema con el que estamos luchando. Veremos a continuación una lista de los problemas más corrientes en el seno de una relación. Todos esos problemas nos impiden sentirnos a salvo y, por lo tanto, impiden una sexualidad satisfactoria. Después de cada uno de ellos, incluyo una visualización que nos enseñará a perdonar con mayor facilidad.

Si se siente bloqueado o incapaz de utilizar dichas visualizaciones, puede ser señal de que su relación no se asienta sobre un terreno lo bastante firme para permitirle dar o perdonar constantemente. También puede ocurrir que perdonar no sea en este caso lo más aconsejable. Lea los párrafos siguientes para ver si existe algún remedio para lo que le sucede.

Las luchas por el poder

Como vimos en el capítulo 7, una actividad sexual placentera resulta prácticamente imposible entre dos personas que han entablado una batalla para conquistar el poder. Es inútil enzarzarse en un duelo por el reconocimiento y el respeto y sentirse al mismo tiempo amado. Intente esta visualización para reducir cualquier lucha por el poder que tenga con su compañero.

El juego de la cuerda

Imagine que usted y su pareja se encuentran a ambos lados de una línea. Cada uno tira de un extremo de una cuerda, intentando conseguir que el otro cruce la línea para pasar a su lado. Ambos tiran con todas sus fuerzas. Tirar de la cuerda exige aplicar una fuerza tremenda, pero sabe que, si cede, terminará por ser arrastrado al otro lado de la línea. Y si lo hace, será el perdedor.

De pronto, empieza usted a preguntarse por qué tiene tanto interés en mantenerse en su lado. No parece más deseable que el estar en el otro. Pero quizá podría enterarse de algo nuevo acerca de sí mismo y de su pareja si estuviera dispuesto a investigar lo que hay allí.

Se da cuenta de que la lucha no tiene por objeto apoderarse del mejor lugar, sino determinar quién es el ganador. Y se le ocurre que sin duda hay que pagar algún precio por serlo. ¿Se sentirá mejor después de haber forzado a su compañero a cruzar la línea? ¿Quiere realmente ser el ganador?

Lentamente, deja de tirar de la cuerda. En lugar

de eso, pasa por propia voluntad al otro lado.
Ahora se halla, no sólo física sino también emo-
cionalmente, del mismo lado que su pareja. Las
cosas parecen distintas desde esta perspectiva. Se
siente en cierto modo más grande, incluso más sen-
sato. Le parece también que posee una mayor ener-
gía al no seguir tirando de la cuerda. Se da cuenta
de que no necesita ser el ganador, puesto que se sien-
te como si lo fuera.

La pareja vista como un padre

En cierta medida, todos vemos a nuestra pareja como un padre. Sin ser conscientes de ello, las mujeres convertimos a nuestro compañero en un padre del que esperamos que nos cuide, y los hombres convierten a su compañera en una madre que les presenta exigencias nada realistas. Está dentro de la naturaleza humana. Cuando no lo llevamos al extremo, nos las arreglamos para que esos sentimientos no se interfieran demasiado. Sin embargo, esta tendencia puede suscitar problemas graves tanto en el aspecto relacional como en el sexual. Si nuestra necesidad de replantear los problemas infantiles de autoridad y dependencia es muy fuerte, seremos incapaces de una actividad sexual con nuestro compañero. Cuando entre las parejas se establece una relación padre-hijo demasiado intensa, surge el tabú del incesto, impidiendo las reacciones sexuales.

Eso fue lo que les sucedió a Sherry y Greg. Sherry es una persona excepcionalmente brillante y organizada. Lleva la casa, asume la mayor parte de las responsabilidades en cuanto a sus dos hijos pequeños y trabaja en jornada completa en su propia compañía de relaciones públicas. Greg es un hombre agradable, pero tranquilo. Se gana muy bien la vida como fontanero, siendo muy competente en su campo.

Sherry se siente casi siempre indiferente frente a Greg, pese a seguir considerándolo como el hombre más atractivo que conoce. Si él inicia un encuentro sexual, se muestra «absolutamente fría». En la sesión inicial de la terapia, aventuró la idea de que quizá se debiese a que deseaba que Greg la ayudase más con los niños. ¿Acaso le castigaba por no cooperar más?

Cuando le dije que visualizase a Greg en el momento en que se acercaba sexualmente a ella, la imagen que se le ocurrió fue la de un niño tímido. La visualización le ayudó a comprender que era el interpretar su conducta como infantil lo que la dejaba fría. Le parecía impensable excitarse con un niño pequeño.

Una vez que esos problemas se pusieron de manifiesto, Sherry y Greg pudieron modificar su conducta. Greg llevó a cabo visualizaciones en que se imaginaba a sí mismo más fuerte y más impositivo en todos los aspectos de la vida. Desde el punto de vista sexual, se imaginó acercándose a Sherry de manera más directa, menos infantil. Al mismo tiempo, Sherry trabajó con imágenes en que le veía más adulto. Fue preciso algún tiempo para que el tabú del incesto se borrase. El cambio se produce raras veces de inmediato. Sin embargo, al cabo de varios meses, Sherry empezó a excitarse frente al nuevo enfoque de Greg, y la actividad sexual entró de nuevo a formar parte de su vida.

La comunicación a la defensiva

A menos que hayamos estudiado el arte del debate o de la oratoria, pocos de nosotros prestamos demasiada atención al *modo* en que pronunciamos las frases. Nuestras pautas de comunicación son automáticas. De hecho, encontramos muy difícil pensar en cómo decimos las cosas.

Existen, no obstante, un arte y una ciencia de la comunicación eficaz. Hay formas de hablar que permiten comprenderse a la gente, mientras que otras, en cambio provocan reacciones negativas que impiden la comprensión. Cuando nuestra pareja tiene un estilo de comunicación ofensiva, tiende a suscitar en nosotros una postura defensiva. Cuesta trabajo evitar caer en esta trampa. Si ambos miembros de la pareja tienen tendencia a comunicarse poniéndose a la defensiva, necesitarán un gran esfuerzo para romper el círculo vicioso. Éste sólo se puede romper cuando uno de ellos acepta ser el primero en correr el riesgo de hacerse vulnerable. De este modo, el otro se encontrará pronto sin oponente.

Si le parece que se está defendiendo con exceso y necesita

mantenerse siempre en guardia frente a su pareja, intente la visualización siguiente para eliminar este sentimiento.

Bajar la guardia

Imagine que está con su pareja en un ring de boxeo. Ambos calzan los guantes correspondientes. Giran el uno frente al otro, no sabiendo cuándo llegará el primer puñetazo. Todo les parece muy familiar, puesto que han subido a ese ring cientos de veces. En ocasiones, fue usted el que se adelantó, dejando al otro fuera de combate; en otras, le tocó medir la lona con la espalda. Lo único que sabe de cierto es que no puede bajar la guardia ni por un segundo. Si lo hace, ¡patatrás!

Resulta agotador permanecer constantemente en guardia. Dejar fuera de combate al enemigo requiere energía, lo mismo que el defenderse. Está cansado, y lo que desea realmente es un lugar donde sentirse a salvo. Empieza a pensar en lo que sucedería si se quedase en el ring, pero quitándose los guantes. ¿Su compañero seguiría considerándole como un oponente si dejase de defenderse? ¿Se atreverá a arriesgarse? Si no se arriesga, continuará agotándose y se quedará sin la energía precisa para defenderse. Decide entonces que vale la pena aceptar el peligro.

Se quita los guantes y se permite quedar totalmente indefenso frente a su adversario. Su compañero se queda desconcertado. Está claro que no se intercambian golpes con un contrincante sin defensa. Se quita también los guantes y se adelanta para estrecharle la mano.

Comunicación no defensiva

Las investigaciones sobre comunicación interpersonal han descubierto ciertos estilos de comunicación capaces de provocar comportamientos de cooperación y otros que obligan al interlocutor a ponerse a la defensiva. Los estilos defensivos tienden a hacer que la persona se sienta atacada, por lo que reacciona automáticamente defendiéndose. Escuchar se hace imposible en esas circunstancias. Por el contrario, los estilos cooperativos tienden a hacer que la persona se sienta aceptada y, por lo tanto, favorecen la escucha y la comprensión.

Entre los comportamientos que tienden a provocar una postura defensiva, se incluyen los siguientes:

Evaluación: El emisor del mensaje parece estar evaluando o juzgando al oyente.
EJEMPLO: «Usted siempre…, o nunca…».

Control: El emisor pretende modificar una actitud, influir sobre la conducta o restringirla.
EJEMPLO: «¿Por qué no hace usted…?».

Superioridad: El emisor sugiere que ocupa una posición superior.
EJEMPLO: «Yo podría haberle dicho eso».

Imposición: El emisor quiere ganar, no negociar.
EJEMPLO: «A mí siempre me dio resultado».

Entre los comportamientos que suelen suscitar una respuesta cooperativa, se incluyen los siguientes:

Descripción: El emisor del mensaje pide o da información.
EJEMPLO: «He advertido que...».

Orientación: El emisor comunica que desea colaborar.
EJEMPLO: «¿Por qué no consideramos...?».

Igualdad: El emisor manifiesta que su *status* y el del oyente son iguales.
EJEMPLO: utilizando «nosotros» en lugar de «tú».

Provisionalidad: El emisor envía el mensaje de que desea experimentar.
EJEMPLO: «Intentemos...».

Buscar los defectos

En las relaciones nuevas, estamos muy dispuestos a perdonar. Incluso encontramos ciertos defectos «atractivos». Y desde luego, como suele decirse al principio, «el amor es ciego». Durante el período que designamos con el término enamoramiento, operamos *automáticamente* en el cerebro derecho. La pasión se impone, bloqueando nuestro lado más crítico. No obstante, la exposición diaria a la imperfección humana tiende a apagar la pasión.

A veces, la idiosincrasia y los defectos que antes no veíamos o perdonábamos en el otro, se nos hacen ahora insoportables. En las relaciones prolongadas, nuestra capacidad de perdonar se ve puesta a prueba a diario. Dependiendo de cómo nos enfrentemos a esas pruebas, seguiremos enamorados o dejaremos morir el amor.

Cuando somos incapaces de perdonar, empezamos a enfocarnos en los defectos de nuestra pareja. Nos ponemos nerviosos por cosas insignificantes, aunque nos sentimos culpables por permitir que esas naderías nos afecten. El sentimiento de culpabilidad nos induce a acallar nuestro sentido crítico. Pronto, como una olla de presión, explotamos por la conducta más anodina. La explosión intensifica más aún el sentimiento de culpabilidad y nos esforzamos más duramente por ser pacientes. El ciclo se repite una y otra vez. En estas circunstancias, el amor se ve sometido a una carga muy pesada.

La solución reside en aprender a perdonar. En lugar de mirar hacia el exterior, necesitamos comenzar por perdonarnos a nosotros mismos. Tenemos que perdonar nuestras propias imperfecciones antes de ser capaces de perdonar las de los demás. Quizá esto suena demasiado simple para que dé resultado, pero lo da.

Cuando aliviamos la presión que ejercemos sobre nosotros mismos en nuestro deseo de ser perfectos, cuando tratamos nuestras debilidades como amigas, no como enemigas, encontramos la energía y la fuerza necesarias para centrarnos en los aspectos positivos de nuestra pareja. Los negativos no se borran, pero no nos parecen tan intolerables.

Intente la visualización siguiente y comprenderá a qué me refiero.

Corrección equivocada

Acaba de recibir por correo la noticia de que le han rechazado un cheque. Su primera reacción es enfadarse. Imposible, se dice. El banco tiene que haber cometido un error. Siempre se ha mostrado muy cuidadoso para evitar que sucedan ese tipo de cosas. Acostumbra a comprobar una y otra vez su balance, precisamente para que no ocurran. La tensión invade su cuerpo al pensar en los inconvenientes que le procurará subsanar el error. Tendrá que ir al banco, llamar a la compañía para la que extendió el cheque, rehacer éste, etc.

Abre entonces su talonario de cheques para ver dónde ha cometido el banco la equivocación. Pero al recorrer los números se da cuenta de que el error ha sido suyo. No, no puede ser. Repite sus cálculos y obtiene el mismo resultado. ¿Cómo ha podido ser tan estúpido?, se pregunta. Hace falta ser descuidado... Y se pasa varios minutos criticándose a sí mismo. Por fin, deja la cuestión en paz y se ocupa de otra cosa.

Piensa entonces que ha olvidado por completo el incidente. Más tarde, ese mismo día, empieza a buscar algo y no logra encontrarlo. Sabe que, en cierta ocasión, su compañero puso otra cosa en un lugar donde a usted le era imposible encontrarla. Entonces le dice: «¿Dónde has metido...?». Y al poco rato, los dos se enzarzan en una discusión.

Trate ahora de reformar esta escena y fíjese en la diferencia que hay entre los resultados posibles.

Repetición de la escena

Acaba de recibir por correo la noticia de que le han rechazado un cheque. ¡Qué extraño!, se dice. No acostumbra a equivocarse. Pero quizá esta vez no prestó la atención suficiente. Comprueba su talonario de cheques y localiza el error. Consulta luego su horario para ver si dispone de tiempo suficiente para corregirlo. Una vez hecho esto, pasa a otras cosas.

Más tarde, ese mismo día, empieza a buscar algo que no logra encontrar. Sabe que a su pareja le molesta mucho el desorden. Tal vez lo haya recogi-

do y colocado en su lugar. Así que le pregunta: «No puedo encontrar tal cosa... ¿Recuerdas haberlo visto?». Y más tarde todavía, los dos celebran un encuentro sexual.

El tedio

Sin duda recordará haber leído en el capítulo 1 que el tedio proviene de una falta de interés. Se presenta inevitablemente cuando pasamos mucho tiempo sin salir de la rutina, dedicados a actividades analíticas que no son capaces de despertar nuestro yo creativo o de activar nuestra naturaleza lúdica. Recordará también que, en el capítulo 6, dijimos que la mayor parte de nuestras actividades cotidianas son incapaces de interesar a esas dos partes de nuestro ser.

El problema se agrava porque el ser humano tiende a gravitar hacia pautas repetitivas. Las pautas, es decir, los hábitos requieren menos energía y parecen simplificarnos la vida. Sin un esfuerzo concertado para evitarlo, el sexo, como las demás actividades, tiende a convertirse en repetitivo. El quid está en que la falta de interés, a la que sigue pronto el aburrimiento, es una consecuencia natural de la rutina. Se trata, una vez más, de un círculo vicioso.

Nuestra inclinación frecuente a echar a nuestra pareja la culpa del tedio sexual hace todavía más complejo este círculo vicioso. Queremos que sea el otro quien provoque la excitación. Pero al echarle a él la culpa nos negamos a reconocer nuestra responsabilidad por nuestra falta de energía. Aparentemente, nunca hemos superado la propensión infantil a desviar las censuras. «Fue él quien empezó.» «Ella me obligó a hacerlo.» «No fue culpa mía.»

El único medio de aliviar el aburrimiento consiste en contrarrestarlo aportando nuestra propia energía. En lugar de señalar con el dedo la falta de interés de nuestra pareja, tenemos que emprender la acción para modificar la situación. Para ello se precisa energía. La visualización siguiente le ayudará a encontrar la energía necesaria para invertirla en su vida sexual.

Un sorbo de energía creativa

Imagine que tiene en su dormitorio una gran bombona, semejante a las bombonas de oxígeno. Esa bombona guarda en su interior energía creativa, un gas inodoro e incoloro. Hay un tubo conectado a la bombona y, al extremo del mismo, una pequeña máscara. Cada mañana, antes de levantarse de la cama, se vuelve hacia la bombona e inhala, a través de la máscara, una pequeña cantidad de gas. Segundos después de respirar el gas, empieza a sentir un cambio en su nivel de energía. Se siente descansado tras una buena noche de sueño y cargado además con una dosis extra de creatividad. Después de haber tomado una bocanada del gas, se queda en la cama durante unos minutos todavía, dejando que sus pensamientos vagabundeen, inventando nuevos medios para revitalizar su vida sexual. Los pensamientos acuden sin gran esfuerzo. Empieza a programar su próximo encuentro, que le permitirá poner en práctica algunas de sus ideas.

Falta de confianza

En las relaciones personales, la confianza puede ser equiparada al hecho de verse libre del miedo al abandono. Como vimos en el capítulo 7, si hemos sufrido una pérdida traumática o una serie de pérdidas, nos cuesta mucho trabajo creer que podemos mostrarnos confiados sin importar el grado en que nuestra pareja demuestra ser digna de esa confianza. Pero es más probable que se trate de una pérdida de la misma a causa de un contrato de exclusividad sexual que se ha roto. Cuando hieren nuestra confianza, el miedo al abandono surge a la superficie. Y el placer sexual sufre las consecuencias de que hayamos dejado de sentirnos a salvo.

Una vez que la confianza se ha debilitado, no existen caminos fáciles para restablecerla. Para recobrarla, tenemos que estar dispuestos a poner de nuevo en juego nuestras emociones, sin ninguna garantía de que no nos herirán de nuevo. Es un acto de fe, no en la otra persona, sino en nuestra propia capacidad de sobrevivir. Sólo podemos sentirnos lo bastante a salvo para ser vulnerables de nuevo.

Eso fue lo que descubrió Karen cuando tuvo que enfrentarse a la aventura amorosa de su marido. Al principio, sintió un desgarramiento tal que creyó que le sería imposible continuar viviendo. Todas las pérdidas que había padecido antes en su vida remontaron a la superficie. Su padre había tenido un ataque cuando ella era aún una niña y, aunque sobrevivió, no estaba en plena posesión de sus facultades mentales, por lo que a Karen le parecía que nunca había tenido un padre como los otros niños. Tenía también la impresión de que su madre prefería a su hermana, y el dolor que le había causado esa preferencia resurgió. La histerectomía a que la sometieron a los veintidós años suponía que nunca podría tener hijos. Pensaba que había aceptado su infecundidad forzada hasta que se enteró de la aventura de su marido. Entonces comprendió que había estado sumergida por la sensación de pérdida de los hijos que nunca llegarían.

Karen no quería poner fin a su matrimonio y sabía que su falta total de interés por el sexo había contribuido mucho a la infidelidad de su marido. Trabajó entonces con la visualización de «la recomposición del huevo», reuniendo de nuevo las partes desgajadas de sí misma, uniéndolas esta vez con mayor fuerza. Cuando empezó a confiar en su capacidad de sobrevivir a las pérdidas, volvió la atención a los problemas de su escaso deseo sexual y la aventura de su marido. Le pareció mucho más fácil afrontarlos una vez que se dio cuenta de que era capaz de aceptar cualquier pérdida que se le presentase. Fue necesario un año de terapia en pareja antes de que Karen se sintiese lo bastante segura para tener relaciones sexuales con su marido sin ninguna incomodidad. Le perdonó porque quería seguir compartiendo la vida con él y dejar de vivir con el miedo al abandono.

Si tiene usted problemas para confiar en alguien con quien desea intimar, intente la visualización siguiente.

Un salto confiado

Se encuentra usted de pie al borde de un acantilado. El desnivel es de unos centenares de metros. Necesita cruzar el acantilado para pasar al otro lado de la grieta. La distancia entre los bordes es de unos noventa centímetros. Al otro lado, hay alguien que le interesa profundamente. Esa persona le tiende la mano y le dice que salte. Le asegura que todo irá bien, que no le dejará caer. Se queda mirándola, tratando de decidir si puede o no confiar en ella. ¿Puede esa persona afirmar verdaderamente que no le dejará caer? Tendría que ser un salto basado exclusivamente en la fe.

De repente, se da cuenta de que esa persona no puede garantizarle que no recibirá ninguna herida. Y en lugar de empeñarse en decidir si es digna o no de confianza, empieza a pensar en su propia capacidad de dar el salto. Calcula la distancia y comienza a confiar en su propia fuerza. Decide que puede cruzar por sus propios medios. La fe ha de ser en sí mismo. Confiando en sí mismo, no necesita confiar en la otra persona. Y da el salto fácilmente. Ahora ya está con la persona con la que quería estar y lo ha conseguido gracias a la creencia en su propia fuerza para sobrevivir.

Aquellos de nosotros que arrastramos un sentimiento de culpabilidad tenemos dificultad para recibir de los demás. No hemos nacido sintiéndonos culpables. Venimos al mundo dotados del amor a nosotros mismos. La culpabilidad nos la imponen adultos bien intencionados pero equivocados, por regla general nuestros padres o la Iglesia. A veces, la culpabilidad nos asalta por sí misma, como resultado de circunstancias que están más allá de nuestro control, como el abuso físico o sexual.

Cuando sentimos una culpabilidad muy intensa, los cumplidos y los regalos nos resultan incómodos. También nos cuesta trabajo aceptar el amor, que es una especie de regalo. Nos permitimos muy poco placer en la vida, especialmente cuando se trata del placer sexual. La participación en la actividad sexual no tiene nada que ver con la obligación, el deseo de ser «normal» o el ansia de destacar. En esos casos, hay muy poca satisfacción sexual. En consecuencia, el deseo es generalmente escaso. No nos quejamos, sin embargo, ya que pensamos no merecer nada mejor. La culpabilidad va siempre acompañada por una mala opinión de sí mismo.

La culpabilidad y la mala opinión de sí mismo crean otro círculo vicioso. Para liberarnos de aquella, tenemos que creer que merecemos la felicidad. Pero la mala opinión sobre nosotros mismos nos impide sentirnos dignos de ella, por lo que nos aferramos a la culpabilidad como un castigo por ser personas tan poco dignas de estima. Y la ronda continúa. El ciclo nos fuerza a sabotear inconscientemente las buenas cosas de nuestra vida.

Cindy es una de esas personas. Pese a ser extraordinariamente hermosa e inteligente, se consideraba una perdedora. Su padre había abusado sexualmente de ella. Su madre, extremadamente religiosa, estaba segura de haberle enseñado a distinguir entre el bien y el mal. El sexo era sin remisión algo «malo». No tiene, pues, nada de extraño que las cuestiones sexuales resultasen para Cindy muy problemáticas. La confusión de los mensajes recibidos creaban en ella un conflicto intolerable. Si el sexo era malo, ¿por qué su padre quería hacer el amor con ella? A los ojos de Cindy, sus padres no podían ser la causa del problema, de modo que tenía que haber algo malo en ella.

En la adolescencia y más tarde, siendo ya adulta, utilizó el sexo por todos los motivos erróneos: para captar la atención, para complacer a un hombre y para evitar que la abandonasen. Aunque su actividad sexual era muy abundante, no había nada que la interesase menos en el mundo y nunca tenía orgasmos.

En cierta ocasión, salió a pasar el fin de semana con su novio. Tuvo entonces una maravillosa experiencia sexual, en la que por primera vez sintió placer. Permaneció despierta toda la noche, presa de un terrible sentimiento de culpabilidad. En alguna parte de sí misma, sabía que debía ser castigada por haber disfrutado. Cuando le pedí que visualizase su culpabilidad, la describió como una bola de hierro al extremo de una cadena que tenía que arrastrar constantemente tras ella. Le recomendé entonces un ejercicio de visualización, en el que se veía agachándose y abriendo el candado de la cadena.

Cuando volvió a la semana siguiente, dijo que, en efecto, se veía a sí misma tratando de soltar la cadena, pero no lograba que el candado se abriese. Las imágenes indicaban que no estaba realmente preparada para deshacerse de su sentimiento de culpabilidad. Necesitaba todavía que la arrastrase hacia abajo, allí donde se merecía estar. Le pregunté entonces qué la haría sentirse merecedora de la felicidad. «Haber nacido de unos padres diferentes», me contestó.

Empezamos a trabajar con visualizaciones centradas en un segundo nacimiento. Cindy creó una escena en que nacía de nuevo, esta vez en un mundo acogedor y cariñoso, sin ningún conflicto emocional. Se imaginó a sí mismo como una niña feliz, despreocupada, con unos padres amantes. Estas visualizaciones le proporcionaron su primera idea sobre la posibilidad de un estilo distinto de vida, una vida que le permitiría ser una buena niña, no la niña mala que siempre había creído ser. Al ser una niña buena, se merecía la felicidad y se merecía el placer. Fueron precisos muchos meses de trabajo constante con estas visualizaciones para que Cindy empezase a considerarse a sí misma de otra manera.

Sólo entonces empezamos a emplear de nuevo las imágenes de la bola y la cadena. Esta vez, Cindy logró verse abriendo el candado. Gradualmente, dejó de sabotear su placer sexual. Cuando fue capaz de sentir placer sin sentirse al mismo tiempo culpable, pasó a las imágenes de abandono de sí misma durante

179

el coito. Por fin, después de más de dos años de terapia, consiguió tener orgasmos durante la actividad sexual.

Problemas que no se desvanecen o cuándo hay que arrojar la toalla

Cuando no se debe perdonar

Cierto que el perdonar es necesario para un amor duradero, pero el perdón no tiene por qué ser totalmente incondicional. Hay ciertas circunstancias o conductas que no pueden ser perdonadas. Un marido que pega continuamente a su mujer, o una esposa que engaña repetidamente a su marido son sólo dos ejemplos. El perdón ha de ser circunstancial, no global. No hay normas fijas, aplicables a todos los casos.

El único principio que he descubierto con el transcurso de los años se basa en las pautas de comportamiento. Las pautas son muy resistentes al cambio y, por lo tanto, nos proporcionan pistas en cuanto a las predicciones del comportamiento futuro. Desafortunadamente, no son fáciles de determinar. Si una persona estafa veinte veces, no cabe duda de que se trata de una estafadora. Es muy probable que vuelva a hacerlo de nuevo. Pero ¿qué ocurre si ha estafado sólo dos veces? ¿Constituye esto una pauta?

La psicología se ocupa del estudio de la conducta humana, tratando de determinar conductas predecibles que establecen pautas. Por ejemplo, abusar sexualmente de un niño indica una distorsión de la asociación erótica muy resistente al cambio. Tal conducta ha sido calificada de compulsiva. No se encuentra bajo el control consciente de la persona. No es prudente perdonar a nuestra pareja por una conducta compulsiva, ya que esa conducta se repetirá una y otra vez.

Cuando uno se enfrenta a una cuestión de conducta compulsiva, es preferible recurrir a la ayuda de un profesional. La ayuda profesional es también extraordinariamente útil cuando la cuestión se centra en si conviene o no perdonar. Como ya he mencionado, los profesionales no pueden dar normas fijas, pero sí .pueden facilitar la comprensión de la conducta humana predecible y ayudar al consultante a comprenderse a sí mismo.

Por ejemplo, una mujer vino a verme deseosa de saber si debía o no perdonar a su marido sus diez años de rechazo en favor de una masturbación diaria. Quería dilucidar si esa masturbación era compulsiva. Yo, por mi parte, quise saber por qué había tardado diez años en formular esta pregunta. La terapia se dirigió a que la respondiese por sí misma.

Elección de una pareja equivocada

No hay nada más complejo que el proceso humano de la elección de pareja. Sin que le invitemos a ello, el inconsciente toma una parte significativa en la decisión. A veces, nos inclina a elecciones que son totalmente erróneas. Por ejemplo, conozco a gente que se casó en pleno choque emocional, sólo para descubrir después que se había equivocado. Una de mis clientas desembocó así en una situación muy desdichada. Cuando vino a mi consulta, se hallaba muy perturbada. Su novio, con el que llevaba dos años de relaciones, había roto las mismas. Habiendo fracasado en un matrimonio previo, ella deseaba desesperadamente que las cosas saliesen bien en éste. Se convenció a sí misma de que él no quería decir realmente lo que había dicho e intentaba sin descanso atraerle de nuevo, pese a no servirle de nada.

Una noche, estando fuera de la ciudad, conoció a un hombre en un bar para solteros. Contra mi opinión, se casó con él tres meses más tarde y, simultáneamente, abandonó la terapia. En menos de un año, estaba de vuelta en mi despacho. Su matrimonio no le causaba más que penas. Ya durante su luna de miel, descubrió que su marido tenía un mal genio incontrolable. Desde entonces, había sufrido diariamente abusos verbales extremos por su parte. Me preguntó si aceptaría verles en pareja. Me mostré de acuerdo en recibirles.

Cuando él entró en mi despacho, lo comprendí todo. El hombre era un sosias de su novio anterior. A causa de su gran necesidad de reunirse con su novio, había tratado inconscientemente de resucitarlo a través de otro hombre. Ni siquiera se había concedido el tiempo necesario para averiguar quién era en realidad

181

este hombre. Había hecho su elección por un motivo equivocado. La terapia no podía modificar esta circunstancia. No les
ofrecí, pues, ningún asesoramiento matrimonial, pero sí trabajar con ella para borrar su error y que se separasen. Rechazó mi
oferta, prefiriendo negar que sus insultos constituyesen una
pauta y buscando excusas para su cólera.

No hay ningún signo específico que nos diga cuándo hemos
hecho una elección de pareja equivocada. Los seres humanos
no son perfectos y, por consiguiente, las relaciones entre ellos no
son perfectas. Toda relación tiene sus problemas, pero esos problemas se compensan con los buenos momentos. Visualice su
relación como un gráfico. Los mencionados buenos momentos
figurarán en la parte superior del gráfico; los momentos no tan
buenos, en la inferior. Si la línea del gráfico forma una ligera
onda, probablemente se encuentra usted en el término medio.
Si tiene grandes picos, contrastando con puntos muy bajos, se
halla envuelto en un conflicto que necesita ser explorado. Y si la
línea del gráfico empieza arriba y cae bruscamente hacia abajo,
le hace falta sin remisión una ayuda profesional.

Cuando la atracción física se desvanece

La atracción física es una parte significativa de la sexualidad.
Los cánones de la belleza física son universales y han existido en
todas las culturas a lo largo de la historia. También es universal
la costumbre de asociar los cánones de la belleza con el erotismo, lo que se hace a través de los rituales propios de cada cultura. En la cultura occidental, esos rituales son más bien sutiles,
no tan obvios como en las culturas más primitivas. En las culturas primitivas, puede ser una danza erótica ritual la que celebre
la belleza. En la cultura occidental, se transmiten los cánones a
través de las imágenes, como en la pintura o, actualmente, en
las películas, las revistas y la publicidad. Por regla general, se
hace de modo tan sutil que no sabemos exactamente cómo se ha
desarrollado nuestro ideal físico. Del mismo modo, al llegar a la
edad adulta, todos nos hemos fijado unas normas que determinan lo que nos atrae y lo que nos excita.

Hay personas cuyo erotismo está fuertemente vinculado a
imágenes que se ajustan a unos cánones muy rígidos. A menos

que su presunta pareja «coincida» con esos cánones, serán incapaces de excitarse. A veces, un cambio en el aspecto corporal puede matar el erotismo. Recuerdo a un paciente al que atendí durante poco tiempo y que afirmaba que se había apartado por completo de su mujer porque ésta había engordado y pesaba ahora dos kilos y medio más de lo que él consideraba como aceptable. Se negaba a aceptar el hecho de que sus estándares no tenían nada de realistas. En lugar de eso, se pasaba el tiempo controlando lo que ella comía y haciendo comentarios sobre los alimentos «que engordaban» y que ella compraba en la tienda o pedía en el restaurante.

Aunque éste es un caso extremo, todos tenemos alguna noción sobre lo que encontramos atractivo. Algunos somos más flexibles que otros en cuanto a nuestro erotismo y nuestras imágenes. Si tendemos a ser inflexibles, descubriremos que no nos dejamos influir fácilmente desde el punto de vista erótico por otra cosa que no sean los factores físicos. No nos gusta, por ejemplo, pasar por alto el factor corporal en favor de las características de la personalidad. Cuando somos inflexibles, tendemos también, aunque no siempre, a tener normas muy rígidas en cuanto a nosotros mismos. Esto nos ayuda a considerar nuestros cánones como legítimos. Quizá pensamos: «Yo estoy en forma... ¿Por qué no ha de estarlo él (o ella) también?».

Me preguntan con frecuencia si podemos tener una actividad sexual satisfactoria en ausencia de la atracción física. La cuestión me parece complicada, ya que en ella se incluye el problema de la flexibilidad. Cuanto más flexibles, menos importancia tendrá la belleza física para nuestro erotismo. Por lo tanto, la respuesta es obvia. Algunos podemos y otros no podemos, dependiendo de lo apegados que estemos a nuestros cánones.

Trabajar con las visualizaciones amplía nuestra flexibilidad con respecto a la belleza física, pero tenemos que ser ya lo bastante flexibles para prestarnos a intentarlo y estar lo bastante motivados para practicar las visualizaciones. Mi fichero de casos en que se trata de reavivar el erotismo una vez que ha desaparecido la atracción física (o cuando no ha existido nunca) no es optimista. Las personas inflexibles se muestran raramente dispuestas a ampliar sus vinculaciones visuales al erotismo. Intentan modificar lo que les rodea, en lugar de prestarse al cambio. Les parece más fácil buscar una nueva pareja, incluso prescindir del sexo, antes que procurar cambiar los aspectos eróticos que les atraen.

Cuando el dar y el recibir proviene de uno solo

El uso de la visualización para convertirnos en personas más generosas y más propensas al perdón nos ayuda a mantener relaciones más satisfactorias. Sin embargo, no dará resultado si es sólo un miembro de la pareja el que da y perdona. A partir de un cierto punto, que sólo puede definirse basándose en las circunstancias, advertimos que queremos algo a cambio. Si alcanzamos el punto en que hemos puesto mentalmente un tope para el dar y el perdonar, el conflicto se hace inevitable. Una vez que llegamos a él, estamos ya en plena lucha. Es el momento oportuno para que *ambos* miembros de la pareja retrocedan, recurriendo para ello a la visualización de «El juego de la cuerda».

Una relación afortunada se basa, no en la comunidad, sino en el mutualismo. No tenemos por qué ser iguales, ni hacer las mismas cosas el uno por el otro, pero sí profesarnos un respeto mutuo. Cuando es uno solo el que da y el que perdona, la relación no tarda en deteriorarse. Al fin y al cabo, somos humanos, no santos. Si no recibimos nada a cambio, no nos sentiremos amados. Y el conflicto nos espera a la vuelta de la esquina.

Demostrar amor en público

Sentirse amado depende en gran medida de las pequeñas expresiones de cariño prodigadas en la vida diaria. Esas expresiones se originan en el cerebro derecho. Veamos algunos ejemplos: una llamada telefónica espontánea para decir que se piensa en la otra persona, una tarjeta postal con un mensaje cariñoso sin que haya una ocasión especial, una mano tendida por encima de la mesa en público, o una verdadera alabanza, como signo de apreciación, al comienzo y al final del día. Todas esas manifestaciones, consideradas como románticas, son actividades del cerebro derecho y sirven para avivar los rescoldos de la pasión, manteniéndolos preparados para transformarse en las llamas de una sexualidad apasionada. Si no se atiza continuamente el fuego, se hace difícil conseguir que surjan las llamas cuando se quiere que el calor aumente.

El romance no se limita a ser una noción idealista, reservada a los poetas y a los enamorados recientes. Siendo una actividad del cerebro derecho, estimula los sentidos, pone en marcha la parte lúdica y lasciva de nuestro ser, nos conduce al placer, nos hace sentirnos amados. Es decir, todos los ingredientes precisos para una actividad sexual satisfactoria y perdurable.

9. El uso de la visualización para resolver problemas sexuales específicos

En los capítulos anteriores, estudiamos los requisitos de la satisfacción sexual: concentración, contacto íntimo, masturbación, lascivia, juego, placer y el sentimiento de ser amado. En éste, examinaremos más a fondo el modo en que esos elementos básicos de la sexualidad son importantes para la eliminación de los problemas sexuales específicos. Los problemas que afrontaremos —entre los que se incluyen la dificultad de orgasmo, la dificultad de erección y la eyaculación precoz— figuran entre los más corrientes dentro de la población en general.

Cada uno de estos problemas sexuales presenta tres estadios:

1. El «disparador», o la causa que lo provoca.
2. La incapacidad de concentrarse en el placer.
3. Los síntomas.

Estos tres estadios se desarrollan en niveles distintos de conciencia, provocando cada uno la aparición del estadio siguiente. Veamos lo que ocurriría en el caso del síntoma de la dificultad de orgasmo.

Algo que está fuera de nuestra conciencia, el disparador, hace que seamos incapaces de concentrarnos en el placer erótico. La interrupción de la concentración produce el síntoma, en este caso la dificultad de orgasmo. Somos conscientes en cuanto al síntoma, pero podemos serlo o no de nuestro problema de concentración. Lo que inició todo el proceso —la causa inconsciente— pudo ser, por ejemplo, la vergüenza causada por las sensaciones de lascivia.

En la mayoría de los casos, es necesario eliminar la causa subyacente para poder enfocarse en el placer erótico. Las visualizaciones de los capítulos anteriores están destinadas a suprimir las causas más profundas de la incapacidad de concentrarse. Sin embargo, si padece un síntoma sexual específico, es natural que desee descubrir una solución también específica, sin tener que explorar causas más remotas.

Unas palabras de advertencia: no importa de qué síntoma se trate, para eliminarlo se requiere la capacidad de concentrarse en el placer, de modo que, antes de seguir leyendo, asegúrese de que está bien familiarizado con los conceptos expuestos en el capítulo 7. Si se salta ese capítulo, saboteará todos sus esfuerzos en favor del cambio.

Si ha elegido este libro buscando un atajo para resolver su problema particular, probablemente también buscará atajos en el sexo. Si ocurre así, esto le dará una pista para explicar por qué le cuesta tanto trabajo concentrarse. Mira usted hacia adelante, en lugar de deleitarse en el placer del momento. Sea sincero consigo mismo. Si tiene preferencia por los atajos, resista a la tentación en ese caso. Es el único medio de que se beneficie de este libro.

Cómo combatir los orgasmos demasiado rápidos, los orgasmos demasiado lentos o las erecciones que se niegan a cooperar...

Síntomas sexuales: el ciclo de la reacción sexual humana

Me refiero aquí con el término de síntomas a cualquier problema que se interfiera en el proceso natural del ciclo de la reacción sexual humana. Durante el despertar sexual, el cuerpo presenta una reacción fisiológica predecible. Los investigadores Masters y Johnson han dado a las fases de este ciclo los nombres de excitación, meseta, orgásmica y resolución.

Excitación. Durante la fase de excitación, el cuerpo se prepara para el despertar mediante una aceleración en el ritmo del corazón y de la respiración y mediante una dilatación de los vasos sanguíneos en los genitales. La sangre afluye hacia los genitales, provocando la erección en los hombres y la dilatación y la lubricación en las mujeres. Se producen también cambios en las mamas y se da una reacción general denominada sofoco sexual, resultante del incremento del riego sanguíneo en todas las partes del cuerpo.

Meseta. Durante la fase de meseta se produce una nivelación de la tensión sexual. El cuerpo está enteramente despierto, pero parece hacer una pausa, como para disfrutar al máximo del placer anticipado antes de pasar a la fase de orgasmo. El tiempo que dura la fase de meseta varía considerablemente de un individuo a otro y de una situación sexual a otra.

Orgasmo. Se desconoce el mecanismo exacto que desencadena la fase de orgasmo. Al parecer, se trata de una interacción extremadamente compleja de factores físicos, emocionales, sociales, hormonales y quizá otros más, aún desconocidos. Durante la fase de orgasmo, hay fuertes contracciones musculares en la zona genital, que expulsan de allí la sangre almacenada, causando las sensaciones placenteras y el alivio de la tensión. En la mayoría de los hombres, la eyaculación tiene lugar al mismo tiempo que el orgasmo.

Resolución. La fase de resolución sigue al orgasmo. Tanto en los hombres como en las mujeres, es un periodo de vuelta a la normalidad. El ritmo del corazón y de la respiración se calma y la sangre vuelve a las condiciones previas al despertar. La dilatación genital, los cambios en las mamas y el sofoco sexual desaparecen. En la mayoría de los hombres, la resolución sigue inmediatamente al orgasmo y se da un periodo refractario forzoso antes de que pueda producirse un nuevo despertar. La duración del periodo refractario varía según los individuos y aumenta con la edad. En las mujeres, se puede posponer la resolución mediante una estimulación sexual continuada, por lo cual les es posible gozar de orgasmos repetidos.

Síntomas sexuales comunes

Los síntomas sexuales más comunes son:

● Problemas durante la fase de excitación, que se traducen en el hombre por el síntoma de la dificultad de erección y, en la mujer, por el síntoma de la dificultad de lubricación y dilatación.

● Problemas durante la fase de meseta, que se traducen, tanto en el hombre como en la mujer, por el síntoma del orgasmo precoz.

● Problemas durante la fase de orgasmo, que se traducen, tanto en el hombre como en la mujer, por el síntoma del orgasmo mitigado o inexistente.

Problemas durante la fase de excitación: causas y soluciones

Dificultad de erección en los hombres

Dificultad física. Muchas dificultades de erección pueden ser de naturaleza física. Se trata de condiciones funcionales y patológicas que estorban las erecciones, sobre todo cuando el hombre envejece. Las drogas, tanto las prescritas médicamente como las tomadas por placer, por ejemplo el alcohol, pueden perjudicar también fisiológicamente la erección. Si las erecciones son difíciles en toda circunstancia, incluso en caso de masturbación y en las primeras horas de la mañana, el hombre debe consultar a un médico especializado en el diagnóstico de las disfunciones sexuales, a fin de que éste determine si su dificultad es física o psicológica.

Dificultad psicológica. La falta de concentración es la consecuencia de todos los problemas en que un hombre, siendo capaz estrictamente de alcanzar la erección, bloquea el despertar sexual por motivos psicológicos. En lugar de centrarse en sus emociones placenteras, el sujeto se distrae. La distracción puede provenir de causas muy diferentes, que actúan con independencia o en combinación. Sin embargo, esas causas se pueden agrupar en algunas categorías principales. Son:

190

• Miedo al dolor psíquico, un miedo que bloquea el placer (véase el capítulo 7).

• Incapacidad de equilibrar el propio placer y la necesidad de complacer y «cumplir» (véase el capítulo 7).

• Sentimientos de culpabilidad y de vergüenza relacionados con la lascivia y/o el placer (véanse los capítulos 5 y 7).

• Miedo al fracaso, derivado de fracasos previos.

• Estimulación sexual inapropiada o ineficaz (véase en este mismo capítulo).

• No querer estar allí, en primer lugar (véase en este mismo capítulo).

Dado que todas las causas profundas de los problemas de erección tienen como resultado final la pérdida de concentración, para resolverlos se requiere recuperar la capacidad de concentrarse. Las erecciones constituyen una reacción involuntaria a los estímulos sexuales apropiados. Cuando un hombre está relajado y enfoca la atención sobre las sensaciones placenteras provocadas por la estimulación, la reacción involuntaria se produce de modo natural. En cambio, si es incapaz de concentrarse en el placer del momento, el reflejo de la erección no se presentará. En el capítulo 7, ya explicamos más a fondo la naturaleza momentánea del placer.

Una analogía nos ayudará a explicar el modo en que se entorpece el reflejo. Visualice a un jugador de béisbol con el bate en la mano. La concentración es el ingrediente esencial en este caso, mientras espera a que le sea lanzada la pelota. Si el bateador se distrae lo más mínimo, su concentración desaparece. No puede pensar en la posibilidad de fallar el golpe, en el partido de mañana o pasado mañana o en el deseo de impresionar a su novia que le mira desde las gradas y, al mismo tiempo, concentrarse en espera de la pelota. Cada uno de esos pensamientos le aleja de la tarea inmediata de esperar la pelota, haciéndole perder la concentración y fallar el golpe. Si un hombre pierde la concentración durante la actividad sexual, olvida las sensaciones y «marra el golpe».

Y una vez que ha marrado el golpe, cae en la trampa de la ansiedad por mostrarse a la altura. Empieza a anticipar la posibilidad del fallo, con lo que reafirma su incapacidad de concentrarse. Todos conocemos casos en que incluso el mejor de los atletas «se derrumbó» a causa de un exceso de presión. La ansiedad afecta del mismo modo el buen funcionamiento sexual. La única diferencia reside en el modo en que se experimenta la ansiedad.

La mayoría de los hombres no se dan siquiera cuenta de cuándo se apodera de ellos. Se debe a que buscan síntomas más «típicos» de la misma, como la aceleración del ritmo del corazón o el famoso «nudo en el estómago». Pero la ansiedad sexual no se manifiesta así, sino a través de un tipo diferente de reacción fisiológica, una interferencia en la fase del despertar. Y como son muchos los hombres que no achacan el fallo en la erección a un problema de ansiedad, no se identifican a sí mismos como ansiosos. Se quedan simplemente desconcertados, frustrados, humillados, confusos e impotentes.

Lo que los hombres no comprenden es que sabotean sin advertirlo su buen funcionamiento sexual al vigilar sus erecciones. Al hacerlo, introducen el factor ansiedad en la situación sexual y se impiden disfrutar del placer del momento inmediato. La ansiedad y el placer no pueden existir al mismo tiempo desde el punto de vista fisiológico. Lo mismo que la lascivia y la culpabilidad, la ansiedad y el placer tiran en sentidos contrarios. Repase el capítulo 5, donde encontrará un examen más detallado de la exclusión mutua de dos emociones opuestas.

En el nivel del síntoma, la solución está en recuperar la concentración. La visualización es una técnica que se viene usando desde hace décadas en los deportes para ayudar a los atletas a recobrar la concentración. Términos como *calma interior*, *flujo de consecución*, *programación del subconsciente* o *creación de imágenes visuales* se hicieron familiares durante los Juegos Olímpicos de 1984. Esas técnicas, que completan la experiencia de la visualización (véase el capítulo 1), han demostrado su eficacia para el restablecimiento de la concentración.

Recurra a la visualización siguiente, con objeto de recuperar su capacidad de concentrarse «en el momento presente».

Solo en medio de la multitud

Es usted un célebre jugador de baloncesto que se halla en pleno desarrollo de un partido importante. Ambos equipos están empatados y sólo faltan dos segundos para que finalice el partido. Usted tiene el balón y se encuentra en la línea de tiro. El resultado del juego descansa, pues, en sus manos y en su capacidad para concentrarse y meter la pelota en la red. La multitud está desencadenada, pateando rítmicamente y gritando su nombre una y otra vez. Sabe que debe cerrar el paso a toda distracción. Sólo cuentan la cesta y usted. Tiene que olvidar por completo lo que significa ganar o perder. Todo lo que le rodea se desvanece. Hay un silencio absoluto. La intensidad de la concentración le permite borrarlo todo de su mente a excepción de la cesta. Ahora están solos usted y la cesta. Gracias a la fuerza de su concentración, le es posible hacer que la distancia entre ambos desaparezca. Usted y la cesta son ahora uno. No hay ansiedad ni inseguridad en cuanto al resultado. Simplemente, alarga la mano y tira el balón. Tan pronto como lo hace, la multitud que le rodea entra de nuevo en su campo de atención. Se han puesto de pie, gritando su nombre. Suena el silbato, señalando el final del partido. Sus compañeros de equipo le rodean, le alzan en hombros y le sacan así del campo.

Después de practicar con la visualización anterior durante varias semanas, intente verse en una situación sexual y obteniendo la erección que desea con su pareja. Vea la imagen de su cuerpo reaccionando al despertar sexual. Imagine los movimientos, los sonidos y el placer que piensa que esa situación le aportará. Permítase, siempre mentalmente, participar de lleno en la experiencia, sin limitarse a contemplarla como si fuera un simple espectador. Practique esta visualización tantas veces como le parezcan necesarias para convertirse en un experto en el «arte» de la erección. Una vez que llegue a ser un especialista, podrá poner en marcha su vídeo personal cada vez que se le antoje. Cuanto más practique esta visualización, más confianza le inspirará la situación real.

Hay otras dos causas de dificultad en la erección que deben ser mencionadas. Aunque dichas causas no son tan profundas como las que acabamos de describir, se las olvida con frecuencia como coadyuvantes posibles a las dificultades sexuales.

Estimulación inapropiada o insuficiente por parte de la pareja

Un hombre adulto pero joven tiene por regla general un gran número de erecciones espontáneas, cosa que puede resultarle muy embarazosa en determinados momentos. Sin embargo, al ir madurando, el carácter espontáneo de las erecciones disminuye. Y dado que le hace falta una mayor estimulación visual y/o directa para lograr la erección, es posible que no reciba la suficiente.

En los hombres que gozan de buena salud, este cambio es insidioso y no se produce en ningún momento determinado. No obstante, hay hombres que parecen sufrirlo repentinamente, dependiendo de las circunstancias de su vida. Una hiperreacción al cambio puede suscitar la ansiedad que hemos descrito con respecto a la reacción fisiológica correcta. Muy consciente de no tener una erección inmediata, empieza a vigilar o controlar su despertar, algo que probablemente no hizo nunca en su juventud. Su atención se aparta del momento inmediato, y la experiencia de las situaciones placenteras se hace imposible. Así se inicia el círculo vicioso.

No es raro que un hombre que tiene esas expectativas sobre sí mismo forme pareja con alguien que también espera de él que tenga erecciones espontáneas. Quizá al principio de su relación, no les fueron «necesarios» los preliminares para el despertar. La erección «aparecía» siempre en escena en el momento apropiado. Luego, cuando las cosas empiezan a cambiar, la pareja está completamente desprevenida. ¿Qué ha ocurrido con la erección automática? Al no haber hecho nunca demasiado por contribuir a la erección, quizá no le apetezca estimular directamente al hombre o quizá se sienta incómoda al tocarle los genitales. En el otro extremo, he visto a hombres tan «orgullosos» de su capacidad previa de erección espontánea que se sintieron insultados por la sugerencia de que su pareja podría «ayudarles» a obtener una erección.

A veces, se puede corregir el problema enseñando a la pareja técnicas preliminares eficaces. Sin embargo, es más probable que esta situación desemboque en la aparición de un caso clásico de pérdida de concentración, con la ansiedad consiguiente. La solución está, una vez más, en recuperar la concentración.

En primer lugar, no querer estar allí

Nuestra cultura ha transmitido a los hombres algunos mitos destructivos acerca de la sexualidad y la virilidad. Los hombres insisten con demasiada frecuencia en meterse en situaciones sexuales que no son buenas para ellos. A veces, se debe a que se sienten presionados para que aprovechen toda oportunidad sexual que se les presente, ya sea dentro del matrimonio o fuera de él, en relaciones casuales. No aceptar la ocasión parece castrador. Otras veces, no se atreven a decir que no por miedo a herir los sentimientos de su pareja. Y a veces, se niegan a creer que, para sentirse excitados, necesitan que la presunta pareja les atraiga. Nuestra cultura les ha inducido a creer que la reacción del despertar *debe* producirse forzosamente. Pero hay ocasiones en que el cuerpo se niega a dejarse controlar por un sistema de creencias basado en los mitos masculinos. El pene, más avisado que la tradición cultural, se limita a decir: «No trabajaré para un jefe que me ordena hacer lo que no es bueno para mí».

El hecho de no querer estar allí abarca algo más que el sexo en ciertas ocasiones. El hombre puede no querer participar en la relación (véase el capítulo 8). Cuando uno no quiere participar en una relación, se siente prisionero dentro de ella. Y raras veces existe una vía de escape sencilla, con la que nadie salga herido gravemente, ya sea desde el punto de vista emocional o financiero, cuando no desde ambos. Excitarse sexualmente es difícil cuando uno se siente pillado en una trampa y sólo se le ofrecen perspectivas negativas.

Dificultades de lubricación y dilatación en las mujeres

Dificultades físicas. Se conocen ciertas enfermedades que son también responsables de las dificultades del despertar en las mujeres. Sin embargo, se les ha prestado menor atención y se les ha dedicado menos investigación que al despertar masculino, de manera que los problemas femeninos son más desconocidos. De ahí resulta la tendencia a considerar tales problemas como puramente psicológicos. Por lo tanto, la mujer necesita que un profesional competente la examine con cuidado. Se sabe que los traumas en el área genital, sean debidos a una herida, a la cirugía o a infecciones repetidas, pueden crear problemas permanentes. También se sabe que las drogas tomadas por prescripción facultativa o por placer inhiben la reacción sexual.

Dificultades psicológicas. Cuando se trata de los problemas del despertar sexual, hombres y mujeres no son diferentes. El efecto de todo problema psicológico del despertar en la mujer consiste también en una pérdida de la concentración. Las causas más profundas de la pérdida de la concentración son las mismas que en los hombres:

● Miedo al dolor psíquico, un miedo que bloquea el placer (véase el capítulo 7).

● Incapacidad para equilibrar el propio placer y la necesidad de complacer y «cumplir» (véase el capítulo 7).

● Sentimientos de culpabilidad y de vergüenza relacionados con la lascivia y/o el placer (véanse los capítulos 5 y 7).

● Miedo al fracaso, derivado de fracasos previos.

● Estimulación sexual inapropiada o ineficaz (véase en este mismo capítulo).

196

• No querer estar allí, en primer lugar (véase en este mismo capítulo).

La única diferencia en las causas más profundas de los problemas del despertar entre hombres y mujeres parece ser una cuestión de énfasis. Tales diferencias son casi siempre creaciones culturales. Por ejemplo, hay más probabilidades de que las mujeres tengan sentimientos de culpabilidad con referencia a la lascivia porque se espera de los hombres un fuerte apetito sexual y, por lo tanto, se les da permiso para demostrarlo, mientras que de ellas se espera que sean puras. Igualmente, el número de mujeres que tropiezan con problemas a causa de una estimulación ineficaz es mayor que el de hombres. Se debe a que las mujeres tienden a ser más pasivas, por ignorancia del tipo de estimulación que necesitan o porque no se atreven a solicitarla. Según parece, las mujeres fallan también con mayor frecuencia porque se preocupan con exceso de complacer, mientras que los hombres fallan más porque se preocupan por la necesidad de «quedar bien».

Cuando una mujer pierde la capacidad de concentrarse en el placer, su cuerpo le habla. Le dice lo mismo que el pene al hombre: «No quiero trabajar para un jefe que me ordena hacer lo que no es bueno para mí». Cuando pedimos a nuestro cuerpo que ignore algo que no está bien, se rebela. A veces, se expresa a través del dolor, como cuando se abusa físicamente de él. Cuando se trata del sexo, simplemente «se niega a trabajar». En lugar de excitarse, se apaga. Marra el golpe, como si dijéramos. No se produce la afluencia de sangre a los genitales, ni la lubricación que es la consecuencia de este aporte sanguíneo. El cuerpo se protege así, insistiendo en que prestemos atención a las causas profundas. Como en los hombres, la incapacidad de despertarse sexualmente es en las mujeres un signo anunciador de la ansiedad.

Para solucionar el problema, la mujer tiene que ser capaz de concentrarse en las sensaciones placenteras. Su única preocupación debe ser el momento presente. Utilice la visualización siguiente para que le ayude a recuperar la capacidad de aferrarse a las sensaciones de placer.

197

El calor del vapor de agua

Acaba de pasar un día febril, durante el cual se ha visto tironeada en muchas direcciones, poniendo a prueba al máximo su capacidad de organización. Son las últimas horas de la tarde y decide pasar un buen rato en remojo en un baño de agua caliente antes de la cena. Se desnuda y se sumerge lentamente en el agua caliente. A medida que cada centímetro de su cuerpo es cubierto por el agua, percibe como desaparecen sus problemas. Toda su piel hormiguea al ponerse en contacto con el agua. Cierra los ojos y se concentra en la suave sensación de su calor. El vapor asciende hasta su cara y provoca la aparición de gotitas de sudor, que limpian todo su sistema de las perturbaciones que lo aquejaban. De pronto, el timbre del teléfono rompe su concentración. Todos sus músculos se tensan en el acto. Su primer movimiento instintivo consiste en salir de la bañera y contestar al teléfono. Puede ser algo muy importante.

Pero en lugar de hacerlo, vuelve otra vez la atención hacia la sensación del agua caliente sobre su piel. Al concentrarse sobre la suavidad de esa sensación, sus músculos se relajan y olvida el sonar del teléfono. No hay nada más que usted, su piel y la sensación del agua sobre ella. Es usted capaz de bloquear completamente el timbre del teléfono. Continúa dejando que su cuerpo se relaje y que su mente repose con el efecto calmante del agua. Nota una gran impresión de paz y tranquilidad al identificarse con las sensaciones del agua sobre su piel. Al cabo de un rato, el agua empieza a enfriarse y vuelve usted al mundo real, renovada y llena de vida.

Después de practicar la visualización anterior un número bastante grande de veces, trate de visualizarse a sí misma excitándose sexualmente con un compañero. Asígnese el papel de protagonista y píntese haciendo el amor con su pareja. Vea cómo su cuerpo reacciona de la manera que desea. Imagine cada pequeño detalle de lo que le gustaría que ocurriese. Familiarícese con el alto grado de reacción que puede usted tener, hasta el punto de que la situación real se convierta en una instantánea de la escena que ha repetido tantas veces.

Problemas durante la fase de meseta

Como ya se ha mencionado, la fase de meseta del ciclo de reacción sexual varía de un individuo a otro, e incluso de una situación a otra dentro de la misma experiencia individual. Después de excitarse sexualmente, el despertar de una persona se nivela durante unos minutos, un minuto, cinco minutos, treinta minutos, a veces más. La capacidad de concentrarse en el placer durante la fase de meseta determina la cantidad de tiempo que transcurre hasta el orgasmo. Si aprendemos a regular el placer durante esta fase, podremos afinar al máximo nuestra capacidad de pasar más o menos rápidamente a través de ella.

El orgasmo precoz

En esta situación, la fase de meseta se corta en seco. El orgasmo se produce inmediatamente después de la excitación sexual. No hay pausa en el ciclo que permita la aparición de la tensión sexual. En consecuencia, la fase de orgasmo parece amortiguada, menos intensa.

El orgasmo precoz se da tanto en los hombres como en las mujeres, aunque los hombres parecen mucho más inclinados a padecer este problema. La causa inmediata del orgasmo precoz es la ansiedad, que inhibe la concentración sobre el placer. En lugar de vigilar el placer, la persona vigila el orgasmo, tratando de evitar que se produzca demasiado rápidamente. Al hacerlo así, se salta la fase de meseta. La analogía más apropiada es la del atleta que se echa a correr desde la línea de partida antes de que suene el disparo. Sucede así porque el atleta está pensando en la meta, en lugar de concentrarse en el momento. Las causas profundas del orgasmo precoz son las mismas que en otras fases del ciclo de reacción.

Concentrándose en el placer, se permite que la fase de meseta prosiga su desarrollo natural, en lugar de ser cortada en seco. Utilice esta visualización para aprender a enfocarse en el placer.

La emisora del placer

Imagine que su placer máximo es como una frecuencia en la radio, una radio especial, ya que, una vez que ha sintonizado el punto de placer máximo, la frecuencia se desvanece y ya no será capaz de volver a sintonizarla hasta que transcurran unas horas. A ambos lados del punto máximo, hay puntos de placer intenso. Su objetivo consiste en mantenerse a uno y otro lado del punto máximo hasta que esté preparado para él.

Está usted afinando ahora su placer, haciendo girar el botón a derecha e izquierda, sin dejarle alcanzar la frecuencia exacta. Esto le exige una concentración intensa. Y gracias a que su concentración es tan intensa, puede mover el botón un poco hacia la derecha o hacia la izquierda sin dejarlo permanecer en el punto máximo. Le es posible evitar el alcanzar el punto máximo porque no piensa más que en el momento presente. Si se distrae, comprenderá lo fácil que es pasar prematuramente al punto máximo. Si no se distrae, podrá permanecer al borde del placer hasta que decida que quiere llegar al punto máximo.

La fase orgásmica se pone en marcha mediante un reflejo involuntario. Dada su naturaleza involuntaria, no puede ser controlada por nuestra mente inconsciente. No podemos «ordenar» un orgasmo. El orgasmo se produce como resultado de haber llevado a cabo la estimulación erótica apropiada. Si dejamos, aunque sea por un momento, de centrarnos en el placer erótico, todo el edificio se viene abajo, y el reflejo no se dispara. A veces funciona sólo ligeramente, mientras que otras llega hasta el fondo. En este punto, la estimulación continuada puede perder su asociación placentera si el sujeto permanece distraído.

Alcanzar el punto de disparo requiere un abandono momentáneo de la propia conciencia, abandono que recibe a veces el nombre de estado de semivigilia (véase el capítulo 1). Durante este período, la conciencia permanece totalmente enfocada en las sensaciones. Este abandono total significa que se renuncia al control consciente. Hay personas a quienes la idea de perder el control, aunque sólo sea por un momento, les produce ansiedad. En consecuencia, la mente consciente «lucha» contra la falta de control con pensamientos no eróticos. Una distracción muy típica (y no erótica) que impide que el orgasmo se dispare es el pensamiento siguiente: «¿Por qué será que hoy tardo tanto tiempo?». Una vez que la mente se ha desviado hacia el reloj, se hace cada vez más difícil liberarla de la vigilancia del tiempo y llenarla con imágenes y sensaciones eróticas. Se convierte en un caso de «no pensar en elefantes rosa». La sugestión hace que la profecía se cumpla.

Los motivos de que no se quiera perder el control coinciden con las causas profundas que se interfieren en las otras fases. Sin embargo, una de las dificultades mayores respecto al orgasmo proviene del miedo al dolor psicológico a consecuencia del abandono y de los sentimientos de culpabilidad y de vergüenza que rodean la lascivia.

Tanto los hombres como las mujeres padecen problemas en relación con el orgasmo. Sin embargo, el número de mujeres que lo sufren sobrepasa en mucho al de los hombres. Las mujeres, debido a su dependencia económica de los hombres, tienen mucho miedo que las abandonen. También, como expliqué en el capítulo 5, se sienten más culpables que los hombres por su lascivia. Así se explica por qué las mujeres son más propensas a tener orgasmos difíciles que los hombres. No obstante, sería un error deducir que las dificultades en cuanto al orgasmo son raras en los hombres. La verdad es que los hombres que padecen este problema raras veces lo confiesan, de modo que las proporciones están falseadas por falta de datos.

Otra consideración importante en cuanto a las mujeres que padecen problemas de orgasmos se refiere a la estimulación eficaz. Como se recordará, el reflejo del orgasmo se dispara *por medio de* la estimulación erótica. Algunas mujeres necesitan más tiempo de estimulación que otras y, en general, más tiempo que los hombres. No es extraño, pues, que algunas no reciban nunca la estimulación suficiente o la clase de estimulación apropiada para llegar al orgasmo. Aunque no traten de controlar las sensaciones, no se producirá el orgasmo si esas sensaciones no son placenteras o si no duran lo bastante para pasar de la fase de meseta a la fase de orgasmo.

La comunicación entre los miembros de la pareja es esencial si se quiere que ambos reciban la clase y la cantidad de estimulación erótica que necesitan para edificar la fase de orgasmo. En los capítulos 3 y 8, estudiamos la importancia de la comunicación e incluimos algunas visualizaciones para incrementar la comunicación verbal entre las parejas.

Si le cuesta trabajo dejar de ejercer el control y abandonarse al placer erótico, recurra a la visualización siguiente.

El tobogán de su vida

Imagínese que ha ascendido varios cientos de metros hasta la parte superior de una catarata gigantesca. Mientras trepaba, le invadía una gran excitación y un sentimiento de anticipación. Sabe que la bajada tiene que ser fantástica. Todos los que se le han adelantado lo consideran como la experiencia de su vida, y usted quiere también experimentarla.

Ha alcanzado ya la cima y vuelve la cabeza hacia

abajo. Se queda allí de pie, sujetándose y mirando a
lo lejos y al fondo. Se resiste a dejarse caer. Sabe
que, si deja de sujetarse, el impulso hacia adelante le
arrastrará en una carrera natural de excitación y pla-
cer intenso a medida que su cuerpo salte hacia abajo.
Se da cuenta de que necesita sólo un segundo para
tomar la decisión de permitir que su cuerpo haga la
experiencia. Otros lo han hecho antes que usted y
han gritado de gozo y alegría. También usted quiere
sentir el abandono, la libertad de permitir que el mo-
mento de placer se imponga al miedo que le asalta.
Se suelta y se deja arrastrar al viaje de su vida.

Después de practicar esta visualización durante varias semanas, procure visualizarse en una situación sexual, teniendo realmente un orgasmo con un compañero. Vea una imagen de su
cuerpo en el momento en que se abandona por completo. Imagine los movimientos, los sonidos y el placer que, según antici-
pa, trae consigo el orgasmo. Permítase, en su mente, participar
plenamente en la experiencia. Practique esta visualización muchas veces, hasta que se convierta en una «experta» en el orgasmo visual. Una vez que lo consiga, podrá poner en marcha su vídeo personal en cada ocasión. Practicar en su mente hará que la
situación real le parezca fácil.

La solución está en su cerebro derecho, donde aprenderá a concentrarse

En el nivel de los síntomas, el objetivo es reconquistar la
concentración sobre las sensaciones eróticas y en experimentar
placer. Si el concentrarse se hace difícil, las fantasías sexuales
pueden ser extraordinariamente eficaces para superar las distracciones. Como recordará por haberlo leído en el capítulo 4,

la fantasía tiene el poder de aumentar el erotismo. Las imágenes eróticas mantienen la mente en el cerebro derecho y, por consiguiente, contribuyen a la concentración. En cierto sentido, la fantasía sexual «distrae al causante de la distracción».

La fantasía sexual es especialmente útil frente a los síntomas de las fases de excitación y de orgasmo. Si estamos bloqueando el despertar, como en los casos de dificultades en la erección o en la lubricación, la fantasía sexual «salta» los obstáculos. Si tenemos problemas para alcanzar el clímax en la fase de orgasmo, la fantasía sexual «chuta» y nos envía a la cima.

Todos poseemos la capacidad de fantasear. Para algunos de nosotros, la cosa parece fácil y natural. A otros les cuesta un poco más de trabajo. Sin embargo, como ocurre con todo lo que no nos es familiar, la práctica consigue que acabemos por encontrarlo natural. Si quiere estimular su sexualidad mediante el uso de la fantasía, vuelva a leer las visualizaciones del capítulo 4 y póngalas en práctica.

Cuándo consultar a un profesional y cómo tomar la decisión de cuál es el más apropiado

Los obstáculos para el disfrute sexual son numerosos. Como he dicho varias veces, en una cultura como la nuestra, que siente una fobia tan grande contra la sexualidad, no existe un camino claro, en línea recta, hacia una sexualidad adulta sana. Las visualizaciones de este libro están ideadas para derribar o superar las diversas barreras que se oponen a su disfrute de una sexualidad fantástica. Con la práctica repetida, obtendrá algunos resultados espectaculares.

A veces, sin embargo, los obstáculos se resisten al cambio. Se debe por regla general a que los hemos identificado incorrectamente o a que hemos pasado sobre ellos sin haber eliminado el anterior. Como se habrá dado cuenta por los casos presentados en este libro, los obstáculos pueden ser muy engañosos. Parecen y se presentan como algo distinto de lo que son. Por lo tanto, es posible que intentemos una visualización inapropiada. También podemos fallar el blanco por querer ir demasiado lejos. Es decir, podemos intentar aliviar un síntoma en lugar de enfrentarnos a su causa profunda. En ambas situaciones, las visualizaciones no serán efectivas.

Un profesional competente nos ayudará a identificar los obstáculos que se alzan en nuestro camino hacia una sexualidad satisfactoria. Nos ayudará también a saber si estamos intentando saltarnos una barrera. A veces, eludimos las barreras porque nos resulta demasiado doloroso aceptar su existencia. Si éste es su caso, un buen terapeuta le apoyará y le prestará cuidados, asistiéndole en su dolor.

Las experiencias traumáticas tempranas, como el abuso físico o sexual o la pérdida de uno de los padres, tienen efectos significativos sobre nuestra capacidad de abandonarnos al placer sexual. Las visualizaciones pueden ser muy eficaces para eliminar el dolor. Son sencillas de ejecutar y todo el mundo está en condiciones de hacerlas. No obstante, han de ir dirigidas en la buena dirección y ordenadas de acuerdo con el grado de resistencia.

La situación de Cindy, que describimos en el capítulo 8, es un ejemplo perfecto. Le fue fácil visualizar su culpabilidad en cuanto al sexo como una bola y una cadena, pero no logró verse a sí misma abandonando su culpabilidad mientras no se vio primero como merecedora del placer. Una cosa tenía que venir antes que la otra. Cindy conocía su sentimiento de culpabilidad, pero necesitó ayuda profesional para comprender lo que bloqueaba su camino. Volviendo atrás lo suficiente, en su caso visualizándose como si volviera a nacer, Cindy fue capaz de retirar las vallas que le cerraban el paso hacia el placer sexual.

Las cualidades del profesional

Un buen sexólogo es en primer lugar y ante todo un buen terapeuta. Aunque toda regla tiene sus excepciones, será mucho más seguro para usted que lo busque sólo entre los médicos. Una licenciatura *no* supone una garantía de que su terapeuta sabe qué está haciendo, pero constituye un primer paso en el proceso de eliminación.

Pedir a alguien en quien confía que le recomiende a un especialista aumenta las probabilidades de que termine usted en buenas manos. Desgraciadamente, cuando se trata de problemas sexuales, pocos son los amigos que están dispuestos a confesar que se han sometido a una terapia. El mejor sistema, en caso de que éste falle, es consultar a su médico de cabecera. Tiene que ser valiente y sacar a relucir el tema. La mayoría de los médicos no se molestan en preguntar por la felicidad sexual de sus pacientes durante una visita de rutina. Si hay una universidad importante en la zona en que vive, sin duda habrá un departamento de sexología capaz de darle informaciones acerca de los terapeutas existentes en ella.

En Estados Unidos, existe una organización que certifica la eficiencia profesional de los sexólogos. Dicha organización se llama la American Association of Sex Educators, Counselors and Terapists (AASECT). Tiene su sede en el número 435 de la North Michigan Avenue, Suite 1717, Chicago, Illinois 60611-4067; (312) 644-0828. Publican un listín de terapeutas especializados en el tratamiento de los problemas sexuales. Aunque, naturalmente, no pueden garantizar que sean excelentes, un médico del que se certifica que está especializado en los problemas sexuales tendrá sin duda bastante experiencia. Es otro paso en el proceso de eliminación.

Además de asegurarse de que el terapeuta que elige es licenciado en medicina y está especializado en las cuestiones sexuales, necesita confiar en su intuición. Tiene que sentirse a gusto en su presencia. Si después de varias visitas, continúa sintiéndose incómodo, siga buscando. Es una buena idea proseguir la investigación hasta que se encuentra aquel con quien uno «encaja» verdaderamente.

El objetivo de toda consulta médica consiste en hablar *de usted*. Su terapeuta debe mostrarse dispuesto a escucharle. Sólo hablará de sí mismo en caso de que sea interesante para su situación. No elija a un médico que pasa más tiempo hablando de sí mismo que de usted. Tampoco debe hablar por teléfono con otras personas durante sus entrevistas. *Y no permita en modo alguno que tenga con usted ningún contacto sexual.* Cualquier clase de desnudez o cualquier detalle de tipo sexual entre un paciente y su terapeuta es a la vez inadecuado y contrario a la ética. Los pacientes de los sexólogos son vulnerables desde el punto de vista sexual, y un médico no debe aprovecharse jamás de esta situación.

No todos los sexólogos utilizan la visualización como instru-

206

mento terapéutico, pero es apropiado —y tiene derecho a ello— que le interrogue en ese sentido si está usted interesado por ella. También tiene derecho a pedirle que lea esta libro. Yo he tenido muchos pacientes que compartieron conmigo libros maravillosos, libros que ampliaron mi arsenal de capacidades terapéuticas.

Epílogo

Pese a hallarnos en la última década de un siglo en que se permite exhibir negligentemente y de la manera más explícita el acto sexual en una pantalla frente a un público muy amplio, en un nivel más íntimo continuamos siendo muy poco sofisticados en cuanto a nuestra propia sexualidad, a la que nos resulta incómodo referirnos y que preferimos silenciar. Calladamente y en privado, todos nos formulamos preguntas y nos enfrentamos a inseguridades y curiosidades. ¿Qué significa la agresión en nuestras fantasías sexuales? ¿Nos excitamos de manera normal? ¿Nuestro apetito sexual se encuentra dentro del término medio? ¿Somos buenos amantes? Sin darnos cuenta, nos llevamos con nosotros esas incertidumbres al dormitorio, donde a menudo sabotean nuestro anhelo de intimidad y satisfacción sexual.

Está claro que no pretendemos socavar nuestra propia meta. ¿Por qué sucede entonces? Porque nos paralizan sin saberlo las imágenes negativas de nuestro pasado. Para tener una verdadera intimidad sexual, necesitamos dejar atrás las imágenes que la presentan como algo pecaminoso, sucio, vergonzoso, indigno, dominador y sexista. Necesitamos reemplazarlas por imágenes en que aparezca como sustentadora, placentera, lúdica, lasciva, amante y mutua. Con estas imágenes como compañeras, se nos ofrece la oportunidad de entablar una relación sexual a largo plazo, satisfactoria e íntima.

La visualización es un camino que nos permite a la vez descubrir las imágenes que nos impiden alcanzar el objetivo y reemplazarlas por otras nuevas. Resulta fácil llevarla a cabo, no requiere la participación de nadie más, exige dedicarle muy poco tiempo, no cuesta un céntimo… y da resultado. No se puede pedir un instrumento de cambio más económico y eficaz. El único inconveniente está en que, como todo cambio, hay que practicarlo para observar alguna diferencia.

Muchos de los misterios de la mente permanecen aún sin resolver. Por el momento, la hipótesis de que los dos hemisferios cerebrales se ocupan de funciones mentales distintas se reduce a eso, una hipótesis, un concepto teórico. En cambio, no es teórico el hecho de que las imágenes actúan como un guía poderoso, desviando nuestro comportamiento en una dirección u otra. Está también claro que, dirigiendo la creación de imágenes mediante la visualización, podemos convertirnos en nuestro *propia guía* y avanzar en la dirección elegida. De este modo, hacemos vacilar las influencias negativas del pasado y empezamos con el encerado limpio. Y así se nos concede la oportunidad de extender nuestro billete para la felicidad sexual.

Apéndice

Índice de las visualizaciones

Para facilitar las referencias, incluyo a continuación una lista de las visualizaciones que figuran en este libro, acompañadas por el objetivo a que están destinadas cada una. Consulte este índice si se propone trabajar sobre un aspecto específico o si quiere refrescarse la memoria sobre una visualización en particular.

Bibliografía

Capítulo 1

Bay, Adelaide, *Visualization: Directing the Movie of Your Mind*, Nueva York, Barnes and Noble, 1978.

Khatena, Joe, *Imagery and Creative Imagination*, Buffalo, NY, Bearly Limited, 1984.

Leckart, Bruce, *Up from Boredom, Down from Fear*, Nueva York, Richard Marek Publisher, 1980.

Sheikh, Anees (ed.), *The Potential of Fantasy and Imagination*, Nueva York, Brandon House, 1979.

Klinger, Eric, *Structure and Function of Fantasy*. Nueva York, Wiley-Interscience, 1971.

«Going with the Flow», en *Newsweek*, 2 de junio de 1986, p. 68.

Roberts, Marjory, «Be All That You Can Be» (special report), en *Psychology Today*, marzo de 1988, pp. 28-29.

Springer, Sally, y Deutsch, Georg, *Left Brain, Right Brain*, San Francisco, W. H. Freeman and Co., 1981. (Ed. española: *Cerebro izquierdo, cerebro derecho*, Gedisa, Barcelona, 1984.)

Geschwind, Norman (ed.), *Cerebral Dominance*, Cambridge, Mass., Harvard University Press, 1984.

Morris, Peter E., y Hampson, Peter, *Imagery and Consciousness*, Nueva York y Londres, Academic Press, 1983.

Kosslyn, Stephen, *Ghosts in the Mind's Machine: Creating and Using Images in the Brain*, Nueva York y Londres, W. W. Norton and Co., 1983.

Capítulo 2

Humphries, Christmas, *Concentration and Meditation*, Santa Fe, N. Mex., Sun Publishing, 1981. (Ed. española: *Concen-*

tración y meditación, Ediciones Martínez Roca, Barcelona, 1985.)

Thompson, Keith, «Concentration», en *Esquire*, mayo de 1984, pp. 131-132.

«How Your Memory Works», en *Wellness Letter*, Berkeley, Calif., University of California, 5(1) (Octubre de 1988).

Capítulo 3

Goodall, Jane, *In the Shadow of Man*, Nueva York, Dell Publishing, 1971. (Ed. española: *En la senda del hombre*, Salvat, Barcelona, 1988.)

Capítulo 4

Money, John, *Lovemaps*, Nueva York, Irvington Publishers, Inc., 1986.

Barbach, Lonnie, *For Yourself: The Fulfillment of Female Sexuality*, Nueva York, New American Library, 1975.

Nass, Gilbert, W. Libby, Roger, y Fisher, May Pat, *Sexual Choices*, Monterey, Calif., Wadsworth Health Science Division, 1981.

Masters, R. E. (ed.), *Sexual Self-Stimulation*, Los Angeles, Sherbourne Press, Inc., 1967.

Capítulo 5

Chereb, David M., *Night Dreams*, Lake Forest, Calif., Merz Productions, 1986.

Money, John, *Lovemaps*, Nueva York, Irvington Publishers, Inc., 1986.

Jones, Stanley, «The Biological Origin of Love and Hate», en *Feelings and Emotions*, Nueva York y Londres, Academic Press, 1970.

Masters, R. E. (ed.), *Sexual Self-Stimulation*, Los Angeles, Sherbourne Press, Inc., 1967.

Capítulo 6

Caplan, Frank, y Caplan, Teresa, *The Power of Play*, Nueva York, Anchor Press, Doubleday, 1973.

Hill, Lyda, y Smith, Nancy L., «Humor and Play», en *Self-Care Nursing*, East Norwalk, Conn., Appleton & Lange, 1985.

McLellan, Joyce, *The Question of Play*, Elmsford, NY, Pergamon Press, 1970.

Winnicott, D. W., *Playing and Reality*, Londres, Tavistock Publications, 1971. (Ed. española: *Realidad y juego*, Gedisa, Barcelona, 1982.)

Capítulo 9

Masters, William H., y Johnson, Virginia E., *Human Sexual Response*, Boston, Little, Brown & Co., 1966.

Índice